Reclam Literaturunterricht

Sachanalysen. Stundenverläufe. Arbeitsblätter

Gerhart Hauptmann
Bahnwärter Thiel

Von Annemarie Niklas

Reclam

Abkürzungen und Symbole

EA Einzelarbeit
PA Partnerarbeit
GA Gruppenarbeit
UG Unterrichtsgespräch

* Kennzeichnung eines zusätzlichen Arbeitsauftrags bzw. Unterrichtsschritts auf erhöhtem Niveau (für Binnendifferenzierung)
HA Hausaufgabe

Verweis auf die zugehörige Ausgabe:
Gerhart Hauptmann: Bahnwärter Thiel. Novellistische Studie. Hrsg. von Max Kämper. Durchges. Ausg. Stuttgart: Reclam, 2021. (Reclam XL. Text und Kontext. 16123.)
Stellenangaben mit Seiten- (und Zeilen)angaben beziehen sich auf diese Ausgabe.

Code für editierbare Arbeitsblätter und Vorlagen

Alle für den Unterricht benötigten *Arbeitsblätter* und *Vorlagen* (Bilder und Texte) sind digital auf der Webseite **www.reclam.de/lehrer_bahnwaerter** zum Download verfügbar. Bitte geben Sie folgenden Code ein:

ShsFRwSy

Reihenkonzept: Max Kämper

Reclam Literaturunterricht | Nr. 15819
2025 Philipp Reclam jun. Verlag GmbH,
Siemensstraße 32, 71254 Ditzingen
info@reclam.de
Druck und Bindung: Elanders Waiblingen GmbH,
Anton-Schmidt-Straße 15, 71332 Waiblingen
Printed in Germany 2026
RECLAM ist eine eingetragene Marke
der Philipp Reclam jun. GmbH & Co. KG, Stuttgart
ISBN 978-3-15-015819-7
reclam.de

Inhalt

Vorbemerkung

Bahnwärter Thiel von Gerhart Hauptmann ist trotz seiner Kürze ein komplexer literarischer Text mit repräsentativer Bedeutung für die Umbruchszeit vom 19. zum 20. Jahrhundert. Das literaturtheoretische Spannungsfeld, in dem Hauptmann sich mit dieser Geschichte bewegt, charakterisiert er mit der Bezeichnung der »novellistischen Studie« selbst sehr passend: Die unverstellten, realistischen Darstellungen von Kindesmissbrauch, Mord und Wahnsinn treffen auf reichhaltige Symbolik und Metaphorik, umgesetzt in Naturschilderungen, vor allem der märkischen Waldlandschaft, und Darstellungen der zeitgenössischen Technik, insbesondere der Eisenbahn. Dem einfachen, spracharmen, aber dennoch sensiblen Protagonisten wird in der emblematischen Schilderung seiner Umwelt eine Stimme gegeben. Damit gewinnt der Leser, wenn er dem Bahnwärter Thiel auf seinem Leidensweg vom ordentlichen Familienvater, gläubigen Kirchgänger und gutmütigen, fleißigen Bahnwärter zum wahnsinnigen Mörder folgt, zusätzliche Einblicke, die zu einem tieferen Verständnis führen können.

Der Text lädt dazu ein, zu reflektieren, wie Familienkonstellationen Einfluss auf die persönliche Entwicklung eines Menschen nehmen können, Geschlechterrollen zu überdenken, das Spannungsfeld von Determination und Selbstverantwortung auszuloten.

In diesem Unterrichtsmodell werden die Themenangebote, die der Text macht, ausgehend von einer intensiven Textarbeit, aufgegriffen und gegebenenfalls in die Gegenwart übersetzt.

Benutzungshinweise

Der Band enthält zehn aufeinander aufbauende Unterrichtsstunden und zwei Klausuraufgaben mit Lösungsvorschlägen.

Jeder Entwurf einer Unterrichtsstunde besteht aus zwei Teilen:
- **Sachanalyse** mit einem praxisorientierten, auf den Unterrichtsverlauf bezogenen Interpretationsangebot
- **Unterrichtsverlauf** mit (a) kurzem Überblick über Thema und Ziel, (b) den Unterrichtsschritten in tabellarischer Übersicht und (c) ausführlichen Erläuterungen zu den einzelnen Unterrichtsschritten

Jede Unterrichtsstunde bietet alle für den Unterricht benötigten Materialien:
- kopierfähige **Arbeitsblätter** (ggf. mit Lösungsvorschlägen im Anhang)
- **Vorlagen** (Bilder oder Texte)
- **Tafelbilder** (Vorschläge für die mediale Präsentation)

Die Unterrichtsstunden enthalten an allen geeigneten Stellen Hinweise für
- einen möglichen **verkürzten Verlauf** (als fakultativ gekennzeichnete Unterrichtsschritte)
- eine mögliche **Binnendifferenzierung** (die entsprechenden Arbeitsaufträge auf erhöhtem Niveau sind mit einem Asterisk * gekennzeichnet)

Textgrundlage ist die Ausgabe:

Gerhart Hauptmann: Bahnwärter Thiel. Novellistische Studie. Hrsg. von Max Kämper. Durchges. Ausg. Stuttgart: Reclam, 2021. (Reclam XL. Text und Kontext. 16123.)

Hinweis: Die Reihe *Reclam Literaturunterricht* achtet auf gendergerechte Sprache. Aus Gründen der Lesbarkeit wird in seltenen Fällen davon abgewichen, immer sind aber alle Geschlechter gemeint.

1 Am Bahnhof: Reisepläne checken
Einen Überblick über den Text gewinnen und dessen Potenzial einschätzen

Sachanalyse

Gerhart Hauptmann deklariert das ca. 40 Seiten umfassende Werk *Bahnwärter Thiel*, erschienen im Jahr 1888, als »Novellistische Studie«. Im Mittelpunkt der Erzählung steht die Persönlichkeitsentwicklung des braven Kleinbürgers Thiel vom tiefreligiösen, ordentlichen Familienvater und zuverlässigen Bahnwärter zum irrsinnigen Mörder. Der Begriff der »Studie« impliziert eine Beschreibung wahren Geschehens, was sich in einer eher distanzierten Erzählhaltung spiegelt, in der der auktoriale Erzähler fast ohne eigenen Kommentar die Begebenheiten wiedergibt: »[...] in der novellistischen Studie gibt es daher keine moralische Instanz, die Thiels Verhalten wertet, kritisiert oder verurteilt. Die Leser müssen sich selbst ihr Urteil bilden. Daraus folgt, dass es viele individuelle Lesarten des Textes gibt.«[1] Mario Leis verweist zusätzlich darauf, dass – obwohl der Text als typisch für die Epoche des Naturalismus gilt – die realistischen, expressionistischen und surrealistischen Anleihen bei der Textgestaltung »neue Verstehenshorizonte«[2] zu eröffnen vermögen.

In *Bahnwärter Thiel to go (Hauptmann in 7 Minuten)*[3] aus der Reihe *Sommers Weltliteratur to go*, in der Michael Sommer mit Hilfe von Playmobil-Figuren in kurzen Youtube-Clips bekannte literarische Werke zusammenfassend darstellt, wird jedoch – in filmischen Adaptionen unvermeidlich – die Perspektive wieder verengt und eine Interpretation geleistet.

Dies geschieht auf mehreren Ebenen: Zu Beginn werden gebündelt (Zusatz-)Informationen vermittelt: das Entstehungsdatum der Geschichte, Ort und Zeit der Handlung, ein Überblick über die zentralen Persönlichkeiten. Bereits in der Auswahl der dargestellten Ereignisse setzt Sommer Schwerpunkte. So wird etwa die erste Frau Thiels am Anfang, als die handelnden Personen vorgestellt werden, nicht durch eine Figur verkörpert, während ihr im Text fokussierte Aufmerksamkeit (nicht nur) zu Beginn der Erzählung (S. 3) eingeräumt wird.

Sprachlich changiert die Vorstellung in Teilen zwischen flapsigen Kommentaren zum Geschehen und Anmerkungen »aus der Produktionswerkstatt«. Zu Beginn spricht Sommer im Dialekt: »Dat is ne janz schön traurige Jeschichte, ja ...«, und bildet damit ein Stilmittel des Naturalismus ab, das sich in vielen Texten Gerhart Hauptmanns finden lässt. Ansonsten ist der Text hauptsächlich in zeitgemäßer, standardorientierter Bildungssprache gestaltet. Vieles wird knapp zusammengefasst und wirkt gut verständlich. Immer wieder werden jedoch umgangssprachliche Elemente (»sie nölt ihm die Ohren weg«, »[Thiel] wedelt mit dem Butterbrot, dampft wieder ab«) eingestreut. Sommer lässt die Figuren an Stellen sprechen, an denen sie es im Buch nicht tun; Thiel beklagt sich beispielsweise darüber, dass »die Leute immer Sachen aus dem Zug werfen«. Häufig schiebt Sommer als Erzähler ironische oder wertende Anmerkungen ein. So erklärt er, Thiel lese im Streckenhäuschen in der Bibel – »das macht man halt so, wenn man Bahnwärter ist«. Auch die Bildebene ironisiert er, wenn man bei der Playmobil-Figur Lene in Großaufnahme des Köpfchens sehen sollte, dass sie »Haare auf den Zähnen« hat oder wenn eine Waschbärfigur für das Eichhörnchen einspringen muss.

Explizite Interpretationsansätze und Stellungnahmen werden ebenfalls geliefert. Die Novelle wird angekündigt als »eine knappe Geschichte, die es in sich hat.« Auch die Rolle der Natur (»fungiert gleichsam als sakraler Ort, gleichzeitig ist sie aber auch so ne Industriehölle«) wird ausbuchstabiert. Als Fazit endet der Beitrag mit den Worten: »Und so endet der Mann, der sich so in seiner Pflicht gefangen fühlt, dass er sein Liebstes verrät und verliert.«

Der Youtube-Beitrag nimmt den Rezipienten bei der Hand, gibt ihm einen kurzen und verständlichen Überblick über die Handlung und bahnt Blickrichtungen für die Interpretation. Schwerpunkte sind die Figur des Bahnwärter Thiel und ihre Entwicklung, die Familienkonstellation und die Rolle der Natur zwischen den Stichworten »sakraler Ort« und »Industriehölle« (fällt zweimal).

1 Mario Leis, *Lektüreschlüssel XL. Gerhart Hauptmann: »Bahnwärter Thiel«*, Stuttgart 2017, S. 9.
2 Ebd., S. 10.
3 https://www.youtube.com/watch?v=xf_lX9iou9M (Stand: 31.3.20).

Unterrichtsverlauf

Überblick. Die Schülerinnen und Schüler begegnen der »novellistischen Studie« (in Printform und) in einem zusammenfassenden Videoclip. Sie richten ihr Augenmerk auf zentrale Themen des Textes, überprüfen ihr Vorwissen dazu und tauschen sich darüber aus, welche Themenschwerpunkte sie interessant finden und vertieft bearbeiten möchten.

Phase	Thema	Sozialform	Kompetenzen/Lernziele	Materialien
Voraussetzungen: keine				
1.1	Einstieg: Aktivierung von Vorerfahrungen	UG	• Aussprache zum Text bzw. zu Vorstellungen darüber	VORLAGE 1 ➤ S. 7
1.2	Filmrezeption: Textbegegnung	UG	• Überblick über die Handlung gewinnen	Internetzugang
1.3	Erarbeitung: Zentrale Themen in den Blick nehmen	EA / PA (*think/pair*)	• Vorwissen aktualisieren • Positive Erwartungshaltung aufbauen	ARBEITSBLATT 1 ➤ S. 8
1.4	Sicherung: Klärung der für die Lerngruppe relevanten Themen	UG (*share*)	• Austausch zum gesammelten Fachwissen • Festhalten von Interessenschwerpunkten	ARBEITSBLATT 1 ➤ S. 8

Vorbemerkung. Die Schülerinnen und Schüler können vorbereitend die gesamte Novelle *Bahnwärter Thiel*, Reclam XL, S. 3–43, in häuslicher Eigenarbeit lesen. Hier ist eine Grundsatzentscheidung zu treffen: Es ist auch gut möglich, die Unterrichtseinheit direkt mit dem Youtube-Clip zu beginnen und auf eine vorbereitende Lektüre des Textes zu verzichten. Beide Vorgehensweisen haben jeweils Vor- und Nachteile. Die Frage ist nur mit dem Blick auf die konkrete Lerngruppe zu entscheiden.

Pro Textlektüre: Im Mittelpunkt des Literaturunterrichts sollte der literarische Text stehen. *Bahnwärter Thiel* ist ein kurzer Text, der viele Lernende in der ausgehenden Mittelstufe und Oberstufe fordert, aber eher nicht überfordert, so dass in der Regel erwartet werden kann, dass die Novelle grundsätzlich verstanden werden kann. Die Leser können sich mit der vorbereitenden Hausaufgabe ein eigenes, unverfälschtes Bild von der Lektüre machen.

Contra Textlektüre: Ideell gesehen, wäre eine Eigenlektüre wünschenswert, praktisch informieren sich viele Lernende über Abrisse aus dem Internet, statt den Text zu lesen. Steigt man direkt mit der fachlich sehr gut gemachten und problemlos rezipierbaren Zusammenfassung *Bahnwärter Thiel to go (Hauptmann in 7 Minuten)* aus der Reihe *Sommers Weltliteratur to go* ein, in der Michael Sommer mit Hilfe von Playmobil-Figuren den Text vorstellt und erklärt, holt man diese Schülerinnen und Schüler mit ins Boot: Sie beginnen den Unterricht zur Lektüre nicht mit dem klammen Gefühl, nur halb Bescheid zu wissen, sondern können von Anfang an vollwertig mitreden. Dass sie dabei die »Interpretationsbrille« von Michael Sommer tragen, ist gut vertretbar, wenn in der folgenden Unterrichtssequenz – wie in dieser Unterrichtshilfe angedacht – der Originaltext in zentralen Ausschnitten immer wieder in den Mittelpunkt gerückt wird.

1.1 Einstieg: Aktivierung von Vorerfahrungen

UG

VORLAGE 1
➤ S. 7

Unterrichtsschritt. Beginnend mit VORLAGE 1 *»Sommers Weltliteratur to go: Bahnwärter Thiel«* können Kenntnisse der Schülerinnen und Schüler rund um *Weltliteratur to go* sowie Autor und Novelle zur Sprache kommen.

Leitfragen:
- Wer hat bereits Videoclips aus der Reihe *Sommers Weltliteratur to go* gesehen?
- Wie waren die Erfahrungen / ist die aktuelle Einschätzung dazu?
- Wer kennt den Autor des aktuellen Stücks, Gerhart Hauptmann, und/oder Theaterstücke von ihm?
- (je nach vorbereitender Hausaufgabe) Wie sind die Kenntnisse/Meinungen zu *Bahnwärter Thiel*?

VORLAGE 1

Sommers Weltliteratur to go: Bahnwärter Thiel

1.2 Filmrezeption: Textbegegnung

Unterrichtsschritt. Die Schülerinnen und Schüler sehen *Bahnwärter Thiel to go (Hauptmann in 7 Minuten)* aus der Reihe *Sommers Weltliteratur to go* (http://sommers-weltliteratur.de/bahnwaerter-thiel-von-gerhart-hauptmann). Es folgt eine kurze, spontane Aussprache im Unterrichtsgespräch.

UG

Internetzugang

1.3 Erarbeitung: Zentrale Themen in den Blick nehmen

Unterrichtsschritt. Anhand von ARBEITSBLATT 1 ***Themenbereiche*** denken die Lernenden darüber nach, welche Themen, die der Text aufgreift, ihnen schon bekannt sind bzw. was sie dazu wissen; welche Themen sie gerne vertieft besprechen würden; was sie weniger interessiert.

EA / PA (*think / pair*)

Erläuterungen. Auf ARBEITSBLATT 1 findet sich eine Übersicht mit relevanten Themen, die in den folgenden Stunden auch hier als Unterrichtsvorschläge aufgegriffen werden. Die Schülerinnen und Schüler gehen nach der *think-pair-share*-Methode vor: Zunächst setzt sich jeder Einzelne mit den Themen auseinander (*think*, ca. 5–10 min). Darauf folgt in der zweiten Phase ein Austausch mit einem Partner, bei dem die Interessensschwerpunkte und Wissensbestände besprochen und verglichen werden (*pair*, 5–10 min). Schließlich findet in der dritten Phase ein Meinungsaustausch im Plenum statt (*share*, vgl. Unterrichtsschritt 1.4).

ARBEITSBLATT 1 ➤ S. 8

1.4 Sicherung: Klärung der für die Lerngruppe relevanten Themen

Unterrichtsschritt. Bei der Besprechung der Ergebnisse von ARBEITSBLATT 1 werden Schwerpunkte der künftigen Textarbeit zusammen mit der Klasse festgelegt.

UG

Erläuterungen. Man sollte sich im Vorfeld klar darüber sein, inwieweit man auf die Interessen der Klasse einzugehen bereit ist, und dies auch kommunizieren, etwa indem man folgende Punkte anspricht:

- »Folgenden Themenfelder könnten wir komplett streichen.«
- »Folgende Themen möchte ich mit euch in jedem Fall besprechen (wenn sie euch wenig/nicht interessieren, ggf. nur verkürzt)« – evtl. mit dem Hinweis auf relevantes Abiturwissen.
- »Gerne möchte ich mich je nach euren Interessen auf 1–2 Themen vertieft einlassen.«

ARBEITSBLATT 1 ➤ S. 8

ARBEITSBLATT 1

Mögliche Themen

Ranking	Thema	Das weiß ich schon:	Das interessiert mich:
	Die Natur als Kirche und Industriehölle		
	Die problematische Familienkonstellation – Patchworkfamilien		
	Das Frauenbild / Frauen Ende des 19. Jh.s		
	Der Doppelmord		
	Die Entwicklung der Hauptperson – vom braven Bürger zum wahnsinnigen Mörder		
	(Literatur-)Historischer Hintergrund: Der Naturalismus		
	Die Anfänge der Eisenbahn in Deutschland		
	Erzähltechnik: Eine »novellistische Studie«		
	Eigenes Thema:		

2 Einsteigen bitte: das erste Kapitel betreten Familie Thiel ins Auge fassen

Sachanalyse

Die Novelle besteht aus drei Kapiteln in unterschiedlicher Länge: Kapitel I und II umfassen jeweils 6–7 Seiten, Kapitel III erstreckt sich in der zugrunde liegenden Ausgabe Reclam XL über 27 Seiten (S. 17–43). Im ersten Kapitel findet bereits eine komplette Familienaufstellung statt: Alle zentralen Figuren der Familie Thiel werden eingeführt und in den wesentlichen Grundzügen in ihrem Verhältnis zueinander vorgestellt.

An erster Stelle steht Bahnwärter Thiel, der zu Beginn mit grundlegenden, positiv besetzten Attributen ausgestattet wird: Er ist gläubig, zuverlässig und pflichtbewusst. Das wird bildlich ausgemalt mit der Vorstellung des Mannes, der als eine »herkulische[] Gestalt« (S. 3) mit »seinem vom Wetter gebräunten« (ebd.) Gesicht beschrieben wird, der allsonntäglich in der Kirchenbank sitzt. Von Anfang an wird seine erste Frau, Minna, dort in der Kirche, im Dunstkreis des Heiligen, verortet: Sie stellt ein Kontrastbild zu Thiel dar, jung, zart, hohlwangig, fein. Sie wirkt schon in dieser Beschreibung auf der ersten Textseite der Wirklichkeit entrückt und verstirbt bei der abrupten Begegnung mit dieser, bei der Geburt des gemeinsamen Sohnes Tobias. Tobias wird an dieser Stelle als das auslösende Moment in den familiären Veränderungen Thiels beschrieben. Er ist der Schuldige am Tod der Mutter und das Versprechen des Vaters an seine verstorbene Frau, sich um ihn zu kümmern, der Motor für eine neue Ehe (vgl. S. 4 f.).

Während die erste Frau Thiels äußerlich im Kontrast zu ihm steht, aber seine Seele anspricht, wird Lene, die zweite Ehefrau, als ihm äußerlich ähnlich beschrieben, es mangelt ihrem Gesicht jedoch »im Gegensatz zu dem des Wärters die Seele« (S. 5). Lene ist ganz dem Irdischen zugewandt, hart, herrschsüchtig, zänkisch und von »brutale[r] Leidenschaftlichkeit« (ebd.). Zu Beginn der Ehe scheint Thiel noch im Schatten des Einflusses Minnas zu stehen, er tritt der keifenden Lene mit »leise[m], kühle[m] Ton« (S. 6) entgegen und spürt in sich etwas, »wodurch er alles Böse, was sie ihm antat, reichlich mit Gutem aufgewogen erhielt« (ebd.). Einzig zur Verteidigung von Tobias gewinnt sein – zu diesem Zeitpunkt (noch) »kindgutes, nachgiebiges Wesen [...] einen Anstrich von Festigkeit« (ebd.).

Thiel entwickelt sich aber von der ersten Frau fort, wird »durch die Macht roher Triebe« (ebd.), die präsente und fordernde Körperlichkeit Lenes »in allem fast unbedingt von ihr abhängig« (S. 7). Im Folgenden steht Thiel zwischen den beiden Frauen, der Toten, der er die Zeit auf seinem einsamen Posten im Wald widmet, und der Lebenden, mit der er Haus und Bett teilt.

Tobias ist in diesem Koordinatensystem der toten Mutter zugeordnet und gewinnt mit zunehmendem Alter die Liebe des Vaters. Sobald der Vater aber abwesend ist und im Dunstkreis der Erinnerung an die Verstorbene weilt, gerät Tobias jedoch aus seinem Blick und muss sich Lene unterordnen.

Lene wird ambivalent beschrieben und wohl von Thiel auch so wahrgenommen: Auf der einen Seite steht das Körperliche, Leidenschaftliche, gleichzeitig auch ihre Rohheit und Brutalität. Andere Männer im Dorf sehen sie als »Tier« (S. 5), das man mit körperlicher Gewalt gefügig machen müsse. Sie dominiert Thiel und auch den Stiefsohn Tobias. Gleichzeitig verbinden sich mit dieser Leidenschaft und Tatkraft auch positive Aspekte: Lene ist eine »unverwüstliche Arbeiterin, eine musterhafte Wirtschafterin« (ebd.).

Inwiefern sie sich der quasi heiliggesprochenen ersten Ehefrau als Nebenbuhlerin bewusst ist, wird nicht ausformuliert. Es ist jedoch zu vermuten, dass sie, mit dem groben, eher seelenlosen Gemüt ausgestattet, nur unbewusst spürt, dass es da eine Konkurrenz in Thiels Leben gibt, die, nur in dessen Erinnerung (verklärt) existierend, unbesiegbar ist. Diese unbewusste Wahrnehmung manifestiert sich im Umgang mit Tobias, dem lebenden Symbol für Minna.

Das offenbart sich deutlich, als ein weiteres Familienmitglied hinzukommt: Der »kleine[] Schreihals[]« (S. 9) wird ganz als Sohn Lenes verortet. Das Verhältnis der Mütter spiegelt sich in den Söhnen: Tobias ist zart und schwach, der Bruder »von Gesundheit strotzend[]« (ebd.). Mit der Geburt des Jungen zieht Lene im Familiensystem mit der Toten gleich und fühlt sich von da an umso mehr zurückgewiesen, wenn Thiel sich Tobias zuwendet. Sie versucht ihrerseits, Raum zu gewinnen, indem sie Tobias zurücksetzt und er von ihr »unaufhörlich geplagt« (ebd.) wird, was diesem auch körperlich zusetzt. Diese spannungsreiche Konstellation ist Ausgangspunkt des Textes und wird am Ende durch rohe Gewalt gelöst.

Unterrichtsverlauf

Überblick. Die Schülerinnen und Schüler lernen durch Eigenlektüre des Kapitels I im Unterricht die handelnden Personen kennen. Sie untersuchen die Beziehungen der Familienmitglieder Thiels unter Verwendung von Standbildern und erkennen das Konfliktpotenzial.

Phase	Thema	Sozialform	Kompetenzen/Lernziele	Materialien
Voraussetzungen: keine				
2.1	Einstieg: Erlesen des Kapitels I	EA	• Textlektüre	
2.2	Erarbeitung I: Informationen zu den Familienmitgliedern im Text sammeln	EA / UG	• Dem Text Informationen zu den handelnden Personen entnehmen	ARBEITSBLATT 2a ➤ S. 12
2.3	Erarbeitung II: Standbild zu Familie Thiel erstellen	GA	• Überblick über Beziehung der Familienmitglieder untereinander gewinnen	ARBEITSBLATT 2b ➤ S. 13
2.4	Vertiefung: Sich in die Familienmitglieder einfühlen	GA	• Körperhaltungen spüren und verbalisieren	
2.5	Sicherung: Standbilder auswerten	EA / UG	• Verbalisierungen fixieren • Austausch zu den Standbildern als Interpretationsansätze	ARBEITSBLATT 2a ➤ S. 12
HA	Vorbereitende Textlektüre des Kapitels II			*Bahnwärter Thiel*, Reclam XL, S. 10–17

2.1 Einstieg: Erlesen des Kapitels I

EA

Unterrichtsschritt. Die Schülerinnen und Schüler lesen, jeder für sich, still *Bahnwärter Thiel*, Kapitel I (Reclam XL, S. 3–9).

Alternative. Die Lektüre kann auch als vorbereitende Hausaufgabe gestellt werden.

2.2 Erarbeitung I: Informationen zu den Familienmitgliedern im Text sammeln

EA / UG

ARBEITSBLATT 2a ➤ S. 12

Lösungshinweise ➤ S. 91

Unterrichtsschritt. Die Lernenden entnehmen dem Text (Kapitel I) wichtige Informationen zu Bahnwärter Thiel, seinen Ehefrauen Minna und Lene und seinen beiden Söhnen. Sie tragen die Informationen, zunächst mit Bleistift, in ARBEITSBLATT 2a ***Familie Thiel*** ein. Die Ergebnisse werden im Unterrichtsgespräch zusammengetragen.

Erläuterungen. Auf ARBEITSBLATT 2a findet sich ein Überblick über die Mitglieder der Familie Thiel. Schnelle Leser bekommen den Arbeitsauftrag, alle wesentlichen Informationen aus dem Text herauszusuchen und in die Kästen, rund um die Personen, einzutragen. Im Anschluss wird diese Aufgabe gemeinsam besprochen, langsame Leser können die Informationen im Unterrichtsgespräch mündlich ermitteln und nun nachtragen.

2.3 Erarbeitung II: Standbild zu Familie Thiel erstellen

GA

ARBEITSBLATT 2b ➤ S. 13

Unterrichtsschritt. Die Schülerinnen und Schüler erstellen anhand der Anleitung auf ARBEITSBLATT 2b ***Familienaufstellung der Familie Thiel*** in Gruppenarbeit ein Standbild zu Familie Thiel (Arbeitsauftrag 1–3).

Erläuterungen. Die Familienaufstellung der Thiels soll das komplexe Beziehungsgeflecht sichtbar machen. Ausgehend von der Textvorlage gilt es die Vorstellungen von den im Text benannten Figuren und ihren Beziehungen auszuarbeiten und diese mit Hilfe von Nähe und Distanz, Mimik, Gestik und Haltung in ein konkretes Bild umzusetzen. Dabei sollen die Schülerinnen und Schüler über die Personen nachdenken, sich in ihre Lage versetzen und in ersten Ansätzen ihre Konflikte verstehen. Für die Auswertung der Standbilder können an dieser Stelle Fotos (z. B. mit dem Handy) gemacht werden.

2.4 Vertiefung: Sich in die Familienmitglieder einfühlen

Unterrichtsschritt. Ausgehend von ihrer körperlichen Disposition und Positionierung im Standbild, das für ca. 30 Sekunden stumm eingenommen wird, verbalisieren die Lernenden in einem prägnanten Satz den Gefühlszustand der verkörperten Person (ARBEITSBLATT 2b, Arbeitsauftrag 4–6). GA

2.5 Sicherung: Standbilder auswerten

Unterrichtsschritt. Die Schülerinnen und Schüler notieren sich ihre Sätze in den Sprechblasen von ARBEITSBLATT 2a. Im Anschluss nehmen sie die verschiedenen Standbilder in der Klasse wertschätzend wahr und deuten diese im vergleichenden und textbezogenen Austausch. EA / UG

ARBEITSBLATT 2a ➤ S. 12

Erläuterungen. Aus dem unmittelbaren Vergleich der unterschiedlichen Standbilder ergibt sich die Chance, über die Figuren und mögliche Interpretationsansätze zu diesen vertieft ins Gespräch zu kommen. In der Durchführung gibt es verschiedene Möglichkeiten:

1. Die Standbilder werden mit dem Handy fotografiert und nebeneinander (oder auch nacheinander) auf dem Smartboard präsentiert. Wenn die technischen Möglichkeiten dazu bestehen, wäre dies eine sehr günstige Lösung, da die einzelnen Bilder wirklich unmittelbar nebeneinanderstehen und die jeweils Beteiligten sich vom Geschehen distanzieren und gleichberechtigt mitreden können.
2. Die Standbilder werden, wie vorher erarbeitet, jetzt nacheinander noch einmal vor der Klasse präsentiert. Während die präsentierende Gruppe ihr Standbild gut sichtbar aufbaut, schließen alle anderen in der Klasse die Augen bzw. schauen aus dem Fenster. Ist das Standbild perfekt aufgebaut, schauen nun alle das Standbild von allen Seiten an. Dazu friert jedes Bild für ca. 30 Sekunden ein. Die Klassenkameraden beschreiben unmittelbar, was sie sehen. Erst wenn alle Bilder gezeigt und beschrieben wurden, beginnen alle Klassenmitglieder mit einer Deutung.
3. Es wird nur ein Standbild gezeigt und besprochen (die anderen Standbilder werden evtl. fotografiert, die Fotografien bis zur nächsten Stunde ausgedruckt und in der Klasse gezeigt). Dazu sondiert die Lehrkraft während der Gruppenarbeitsphase, welches Bild besonders geeignet wäre bzw. welche Schülerinnen und Schüler sehr motiviert wären, ihr Bild zu zeigen. Wichtig ist hier, dass die Auswertungsphase nicht zu lange dauert, da es den Schauspielern nicht leichtfällt, die eingenommene Position länger als wenige Minuten unverändert zu halten. Deshalb sollte man zügig die wichtigsten Punkte ansprechen, z. B.:
   - Welche Charakterzüge / Beziehungsaspekte sind erkennbar? Woran erkennt man sie?
   - Welche Figur wirkt mächtiger/trauriger/einsamer? Welche Gesten/Auffälligkeiten dienen welchem Zweck?

   Zum Schluss können die Beziehungspfeile auf ARBEITSBLATT 2a noch beschriftet werden.

Hausaufgabe: Vorbereitende Textlektüre

Die Schülerinnen und Schüler lesen vorbereitend das Kapitel II des *Bahnwärter Thiel* (Reclam XL, S. 10–17) in häuslicher Eigenarbeit.

ARBEITSBLATT 2a

Familie Thiel (Kapitel I)

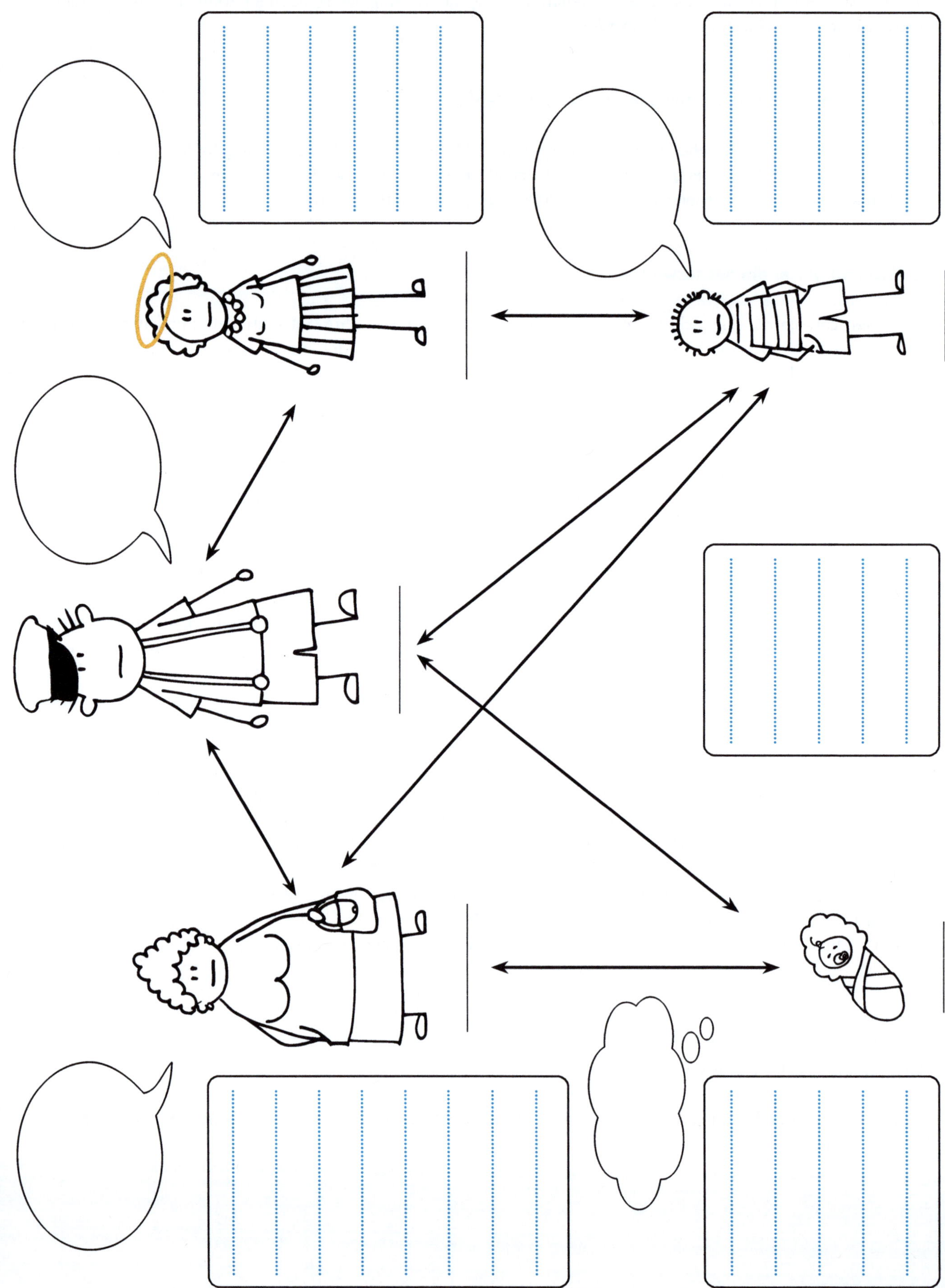

ARBEITSBLATT 2b

Familienaufstellung der Familie Thiel

Info I: Familienaufstellung

Eine *Familienaufstellung* ist eigentlich ein therapeutisches Verfahren, bei dem untersucht wird, wie die Beziehungen innerhalb einer Familie sind. Das Familienstellen gründet auf der Vermutung, dass innerlich-grundlegende Beziehungen auch innerlich räumlich abgespeichert wirken – dass man also erkennt, wie Personen im wahrsten Sinn des Wortes »zueinander stehen«. Verschiedene Personen werden dabei stellvertretend für Mitglieder eines Familiensystems im Raum aufgestellt (in einer Therapie macht das der Klient, der mehr über sich und seine Familie erfahren möchte).

Aus ihrer Position heraus können die Stellvertreter Gefühle und Gedanken entwickeln, die denjenigen der repräsentierten Personen aus dem Familiensystem entsprechen.

Info II: Standbild

Ein *Standbild* ist eine darstellende Methode (im Unterricht), die es ermöglicht, die Sichtweise zu einem Problem oder zu einem Thema einmal anders auszudrücken als mit Worten. Das Standbild gibt in eingefrorener Form die Gefühle und Beziehungen der handelnden Personen zueinander wieder. Ein Regisseur arrangiert die Szenerie.

Arbeitsaufträge:

1. Bilden Sie Gruppen mit 6 Personen und verteilen Sie die Rollen: Bahnwärter Thiel, Minna, Lene, Tobias, das Baby. Ein Gruppenmitglied wird als Regisseur bzw. Regisseurin eingesetzt.
2. Sprechen Sie in der Gruppe darüber, wie die einzelnen Personen Ihrer Meinung nach zueinander stehen.
3. Der Regisseur / die Regisseurin modelliert aus den Körpern der »Familie Thiel« ein Standbild. Die Familienmitglieder nehmen die ihnen zugewiesene Haltung ein, einschließlich Mimik und Gestik. Dabei wird nicht gesprochen.
4. Ist das Bild vollendet, erstarren alle Beteiligten für 30 Sekunden und fühlen sich ein. (In dieser Zeit kann der Regisseur / die Regisseurin ein Foto machen.)
5. Die Personen sprechen (nacheinander) in ihrer Rolle als Familienmitglied einen Satz, in dem sie ihre Position in der Familie charakterisieren.
6. Merken Sie sich Ihre Positionen und Sätze für den Auftritt vor der Klasse.

3 Ein Sitzplatz im Kinderabteil: mit Thiels Söhnen unterwegs Die Rolle von Thiel als Familienvater herausarbeiten

Sachanalyse

In Kapitel II (Reclam XL, S. 10–17) etabliert sich Thiel in seiner Rolle als Familienvater. Gleich zu Beginn wird die wirtschaftliche Lage der Familie deutlich, in der man nicht hungert, es aber einen bedeutenden Unterschied macht, ob man über einen gepachteten Acker für Kartoffeln verfügt oder nicht. Thiel kümmert sich bei seinem Vorgesetzten darum, dass es einen Ersatz für den gekündigten Pachtacker gibt und zeigt sich damit als treusorgender Familienvater (wobei er allerdings nicht bedenkt, dass durch die räumliche Nähe des neuen Ackers zum Wärterhaus sein Refugium in der Waldeinsamkeit bedroht ist). Auch die Tatsache, dass er ein Sparkassenbuch für den älteren Sohn sorgsam bewahrt (S. 15), kennzeichnet Thiel als fürsorglich und vorausschauend.

In Bezug auf Thiels Umgang mit seinen Söhnen ist auffällig, dass die Beziehung von Thiel zu seinem Sohn aus erster Ehe, Tobias, im Mittelpunkt steht. Sein Sohn aus zweiter Ehe, dessen Name bezeichnenderweise in der gesamten Erzählung nicht genannt wird, ist zwar auslösendes Moment für die Gefühlskälte Lenes gegenüber Tobias und die Katastrophe des Zugunglücks, in der Gefühls- und Wahrnehmungswelt Thiels spielt er jedoch kaum eine Rolle. Das kann zwei Gründe haben: Zum einen scheint der Vater Thiel mit Kleinkindern nicht allzu viel anfangen zu können, auch bei Tobias erwacht die Liebe des Vaters erst so richtig »wie er verständiger wurde« (S. 9). Zum anderen wird der zweite Sohn ganz als Sohn Lenes charakterisiert: Er ist, wie sie, »vor Gesundheit strotzend[]« (ebd.), und die Mutter kümmert sich gut um ihn, füllt etwa Milch für ihn in ein Fläschchen (S. 16), während sie den Stiefsohn misshandelt und vernachlässigt.

Für Tobias hingegen ist der Vater die Hauptbezugsperson. Zugleich wird Tobias in seiner Lebensschwäche ebenfalls als Sohn der Mutter dargestellt, es wird deutlich, wie bedürftig er der Liebe und Zuwendung des Vaters ist. Für Thiel steht Tobias immer auch für seine geliebte Minna und das Versprechen, das er ihr gegeben hat: sich um den gemeinsamen Sohn zu kümmern. Von Geburt an benötigt Tobias »ganz besondre [!] Pflege« (S. 5). Er hat blaue, tiefliegende Augen (S. 10), rote Haare und eine bleiche Hautfarbe (S. 9). Seine Entwicklung im Säuglingsalter ist verzögert, er beginnt erst mit beinahe zwei Jahren zu sprechen und zu laufen (S. 9). Der Vater ist für ihn ein Vorbild, Tobias möchte es ihm in Reden und Tun recht machen, was sich in dem Dialog um Tobias' berufliche Zukunft bei der Bahn (S. 11) spiegelt.

Das Verhältnis von Vater und Sohn wird in Kapitel II in sehr anschaulichen, bildlich ausgemalten Szenen vorgestellt: Zunächst wird der Tagesbeginn erzählt. Als Thiel von der Nachtschicht kommt, setzt er sich an den Bettrand zu seinem schlafenden Kind und verscheucht zudringliche Fliegen, die den Schlafenden stören könnten. Schließlich weckt er den Sohn, der sich über die Anwesenheit des Vaters sehr freut, und hilft ihm beim Anziehen (S. 10). Bereits in dieser Szene wird angedeutet, dass nicht alles so idyllisch ist, wie es auf den ersten Blick scheint: Wenn man genau hinsieht, erkennt man, dass Tobias geschlagen worden war. Thiel sieht weg. Im weiteren Tagesverlauf wird nun vorgeführt, wie Vater und Sohn an der Spree Zeit miteinander verbringen, wie der Vater mit ihm spielt und singt. Dass Thiel sich auch um die anderen Kinder kümmert, zeichnet ihn als sympathisch und kinderlieb (S. 12). Danach macht sich Thiel auf, um sich zum Wärterhäuschen in die Waldeinsamkeit zu begeben, das ihm gleichzeitig Andachtsstätte für Minna ist. Detailliert wird geschildert, wie er sich nach einem strengen Ritual aus der Familiensituation löst (S. 13).

Als er unvorhergesehen umkehrt, um sein vergessenes Butterbrot zu holen, sieht man die Familiensituation, wenn der Vater nicht zuhause ist: Lene misshandelt Tobias. Angesichts dieser Situation ist Thiel überwältigt von seinen Gefühlen, zunächst starr vor Schreck. Dann nimmt er Lene wahr, die in ihrer Erregung über den Stiefsohn sein sexuelles Begehren weckt. Er nimmt hilflos und schweigend das vergessene Brot und geht, ohne Tobias zu unterstützen (S. 14–17). Die sachlich geschilderte Verquickung von sexuellem Begehren, Scham und Sprachlosigkeit angesichts der dargestellten häuslichen Gewalt markiert einen ersten Wendepunkt auf Thiels Weg vom braven Familienvater zum wahnsinnigen Mörder.

Unterrichtsverlauf

Überblick. Die Schülerinnen und Schüler vergleichen zwei Textstellen, die ein Licht auf Thiel als Vater werfen. Sie fühlen sich mittels Rollenspiels in die Situationen ein und nehmen zu Thiels widersprüchlichem Verhalten Stellung. Im Anschluss setzen sie sich – auch aus aktueller Sicht – mit dem Thema »häusliche Gewalt« auseinander. **! Verkürzter Verlauf: 3.1 – 3.2 – 3.3 – 3.4**

Phase	Thema	Sozialform	Kompetenzen/Lernziele	Materialien
Voraussetzungen: Textkenntnis bis einschließlich Kapitel II (Reclam XL, S. 17)				
3.1	Einstieg: Eine für ein Kind bedrohliche Szenerie betrachten und auf den Text beziehen	UG	• Das Thema »häusliche Gewalt« als wichtiges Moment des Kapitels II wahrnehmen	VORLAGE 3a ➤ S. 16
3.2	Erarbeitung I: Die beiden Schlüsselstellen näher betrachten	EA (*think*)	• Die beiden zentralen Szenen in Bezug auf Tobias wahrnehmen • Die Situationen von außen betrachten	ARBEITSBLATT 3 ➤ S. 20
3.3	Erarbeitung II: Sich im Gespräch in die Situation einfühlen	PA (*pair*)	• Einen Perspektivwechsel andenken	ARBEITSBLATT 3 ➤ S. 20
3.4	Vertiefung: Sich im Rollenspiel in die Situation einfühlen und diese reflektieren	GA (*share*)	• Den Perspektivwechsel nachvollziehen • Verschiedene Betrachtungsweisen überdenken	ARBEITSBLATT 3 ➤ S. 20
3.5 **fakultativ**	Erweiterung: Den Themenkreis »häusliche Gewalt« in den Blick nehmen	EA / UG	• Auf die Situation von misshandelten Kindern im 21. Jh. aufmerksam werden • Bereit werden, persönlich Verantwortung zu übernehmen	VORLAGE 3b ➤ S. 18 ARBEITSBLATT 3 ➤ S. 20 Internetzugang
HA	Vorbereitende Textlektüre des ersten Teils des Kapitels III			*Bahnwärter Thiel*, Reclam XL, S. 17–26

3.1 Einstieg: Eine für ein Kind bedrohliche Szenerie betrachten und auf den Text beziehen

Unterrichtsschritt. Die Lehrkraft zeigt VORLAGE 3a. Die Lernenden beziehen das Bild auf den Text des Kapitels II, den sie als Hausaufgabe gelesen haben. UG

VORLAGE 3a ➤ S. 16

Leitfragen:
- Wie wirkt der Schattenriss auf Sie?
- Hatten Sie dieses Gefühl auch beim Lesen des Kapitels II?
- Wem könnten die Hände gehören? Wem der Kopf?
- Wo ist Thiel?
- Welche Textstelle passt dazu? (Reclam XL, S. 15, Z. 10–16.)

Erläuterungen. VORLAGE 3a zeigt Gewalt gegen ein Kind als Schattenriss. Damit wird nur ein Blitzlicht aus dem Kapitel II angerissen, das aber für die Entwicklung Thiels entscheidend ist und Einblicke in sein Innenleben gibt. Im Unterrichtsgespräch zeigt sich auch, wie intensiv die Hausaufgabe gelesen wurde.

VORLAGE 3a

Foto: Picture Alliance / dpa / Maurizio Gambarini, 2016

3.2 Erarbeitung I: Die beiden Schlüsselstellen näher betrachten

EA (*think*)

ARBEITSBLATT 3

➤ S. 20

Unterrichtsschritt. Indem die Lernenden auf ARBEITSBLATT 3 ***Familie Thiel*** Arbeitsauftrag 1 bearbeiten, identifizieren sie zwei wichtige Stellen in Kapitel II und entnehmen ihnen wichtige Informationen zum Umgang Thiels mit seinem Sohn Tobias. Sie fassen diese in Stichworten zusammen.

Erläuterungen. Der Text zeigt zwei Seiten von Thiel als Vater: den liebevollen Umgang mit Tobias, v. a. beim Spielen an der Spree (Reclam XL, S. 12), und die Hilf- und Tatenlosigkeit angesichts der häuslichen Gewalt, die seine Frau gegen den Stiefsohn ausübt (S. 15–17). Beide Szenen werden sehr bildlich ausgemalt:

- Nachbarin A: sieht Thiel unter Pappeln auf einem Granitblock am Wasser sitzen, »Fitschepfeile« und »Weidenpfeifchen« schnitzen und hört ihn für seinen Sohn »mit seinem verrosteten Bass ein Beschwörungslied« singen, zu dem er mit dem »Horngriff des Taschenmessers« den Takt klopft (S. 12).
- Nachbarin B: sieht Thiel bezwungen von »einer Kraft«, die von Lene, ihren »vollen, halbnackten Brüsten«, ihren »breiten Hüften« ausgeht und ihn lähmt, so dass er sich von dem »in Tränen gebadet und verängstigt[en]« Tobias, der eben noch von Lene geschlagen und wüst beschimpft worden war, stumm abwendet. Er geht ohne ein Wort, das vergessene Butterbrot in der Hand (S. 15–17).

Diese Aspekte sollen auf ARBEITSBLATT 3 als Basis für weitere Überlegungen in Einzelarbeit von den Schülerinnen und Schülern herausgearbeitet werden.

3.3 Erarbeitung II: Sich im Gespräch in die Situation einfühlen

Unterrichtsschritt. Die Schülerinnen und Schüler nehmen den Standpunkt der Nachbar(inne)n ein und sehen, quasi von außen, dem Geschehen direkt zu. Sie tauschen sich dazu mit ihrem Partner über ihre Ansichten und Meinungen in der schützenden Rolle der Person aus der Nachbarschaft aus (ARBEITSBLATT 3, Arbeitsauftrag 2).

PA (*pair*)

ARBEITSBLATT 3 ➤ S. 20

Erläuterungen. Die Beobachtung der beiden Szenen, der liebevolle Vater ebenso wie der abweisende Vater, lösen beim Betrachter Gefühle aus. Im geschützten Gespräch mit dem Partner sollen sich die Schülerinnen und Schüler dieser Gefühle, die sie unter Umständen auch persönlich betreffen, bewusst werden. Die Rolle des Beobachtenden ermöglicht zudem eine Distanzierung. Dass Geschlechterrollen dabei ein wichtiger Faktor sind, kann in diesem Zusammenhang gut thematisiert, muss aber nicht zwingend vertieft werden.

3.4 Vertiefung: Sich im Rollenspiel in die Situation einfühlen und diese reflektieren

Unterrichtsschritt. Die Schülerinnen und Schüler übernehmen die Rolle einer Nachbarin oder eines Nachbarn (ARBEITSBLATT 3, Arbeitsauftrag 3). Im Spiel und im Austausch über das Spiel und ihren eigenen Standpunkt (Arbeitsauftrag 4) werden sie sich verschiedener möglicher Interpretationen bewusst.

GA (*share*)

ARBEITSBLATT 3 ➤ S. 20

Erläuterungen. Zu beiden Szenerien werden im Text die Nachbarn explizit erwähnt, sie »verübeln ihm seine Läppschereien« (S. 12), bei der Misshandlung von Tobias ist aber von den »Bewohnern der kleinen Kolonie, etwa zwanzig Fischern und Waldarbeitern mit ihren Familien […] nichts zu sehen« (S. 14). Dass die Nachbarschaft jedoch durchaus regen Anteil an der Situation im Haus Thiel nimmt, wird bereits im Kapitel I angedeutet, das mit den Worten endet: »Thiel […] wollte auch die Winke nicht verstehen, welche ihm von wohlmeinenden Nachbarsleuten gegeben wurden« (S. 9). Die beiden fiktiven Nachbarinnen (oder Nachbarn), in die sich die Lernenden einfühlen sollen, werden wohl deutliche Meinungen zu dem Geschehen haben.

Der unmittelbar teilnehmende Blick von außen auf die Interaktion zwischen Thiel und Tobias bzw. Thiel und Lene/Tobias ermöglicht es, eindeutige Stellungnahmen abzugeben. Der Wechsel der Geschlechterrollen soll dabei helfen, sich nicht allzu sehr in Klischees der tratschenden Nachbarschaft zu verlieren.

Im Gespräch über das Spiel (Arbeitsauftrag 3) und im Austausch über die eigene, persönliche Meinung (Arbeitsauftrag 4) werden die Zerrissenheit Thiels und seine Fragwürdigkeit als »guter Vater« deutlich.

3.5 Erweiterung: Den Themenkreis »häusliche Gewalt« in den Blick nehmen (fakultativ)

Unterrichtsschritt. Die Schülerinnen und Schüler informieren sich anhand von VORLAGE 3b ***Kindesmisshandlung in Deutschland*** über die Aktualität des Themas »häusliche Gewalt« (ARBEITSBLATT 3, Arbeitsauftrag *5). Sie recherchieren, welche Möglichkeiten Nachbarn, aber auch Betroffene *heute* hätten, Kindern, die häusliche Gewalt erleben, zu helfen.

EA / UG

VORLAGE 3b ➤ S. 18

ARBEITSBLATT 3 ➤ S. 20

Internetzugang

Erläuterungen. Der Ansatz führt deutlich über die Novelle hinaus und geht in Richtung werteerziehenden Deutschunterrichts. Die Entscheidung, ob man sich dieser Thematik widmen möchte, sollte mit aufmerksamem Blick auf die Schülerinnen und Schüler der Lerngruppe getroffen werden.

Seien Sie sich als Lehrkraft darüber bewusst, dass unter Umständen tatsächliche Vorfälle häuslicher Gewalt aus dem Umfeld der Lernenden zur Sprache kommen können. Dies kann eine Chance sein. Es muss klar sein, dass dann *gehandelt werden muss* – und die Verantwortung dafür definitiv bei der Lehrperson liegt. Ist bekannt, dass ein Lernender (evtl. schon länger) betroffen ist und dass er bereits professionell begleitet wird, sollte man das Thema eher meiden oder sich mindestens mit dem zuständigen Fachpersonal verständigen.

Recherchemöglichkeiten im Internet:
- www.polizei-beratung.de/opferinformationen/haeusliche-gewalt
- www.gewalt-ist-nie-ok.de
- www.nummergegenkummer.de

VORLAGE 3b

Kindesmisshandlung in Deutschland

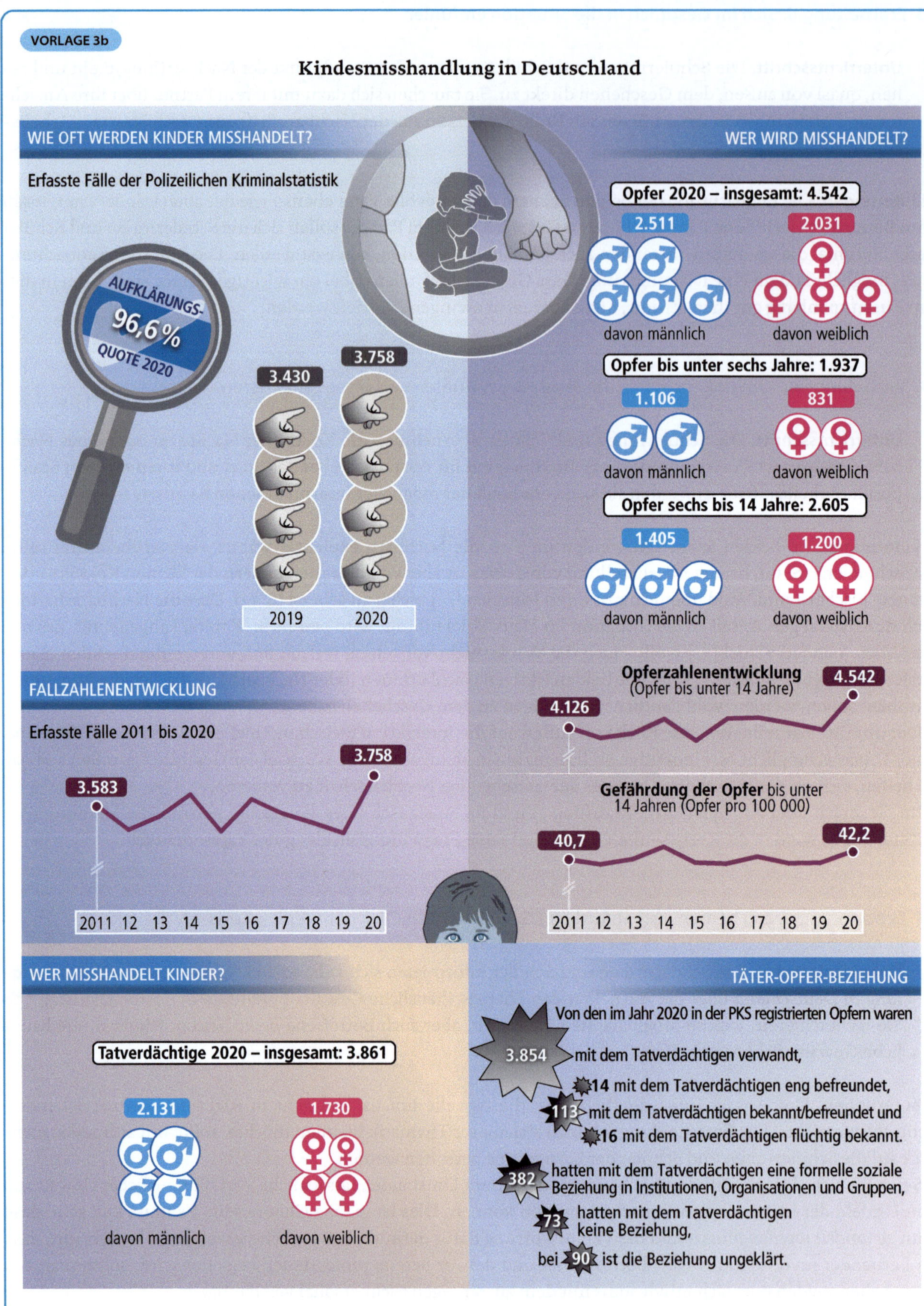

Grafik: Polizeiliche Kriminalprävention der Länder und des Bundes (www.polizei-beratung.de), Stand: 2019

- www.dksb.de/de/startseite
- haensel-gretel.de

Hausaufgabe

Die Schülerinnen und Schüler lesen vorbereitend den ersten Teil des Kapitels III des *Bahnwärter Thiel* (Reclam XL, S. 17–26) in häuslicher Eigenarbeit.

ARBEITSBLATT 3

Familie Thiel (Kapitel II)

Nachbarin A sieht Thiel und Tobias mittags an der Spree.

a. Sie beschreibt die Szene.
b. Dann nimmt sie Stellung dazu, was sie von Thiels Verhalten hält.
c. Sie hört ihrer Nachbarin zu und antwortet dann aus ihrer Sicht, wie sie Thiel als Vater findet.

Nachbarin B beobachtet Thiel, als er nach Hause kommt, um sein Butterbrot zu holen.

a. Sie beschreibt die Szene.
b. Dann nimmt sie Stellung dazu, was sie von Thiels Verhalten hält.
c. Sie hat ihrer Nachbarin zugehört und antwortet dann aus ihrer Sicht, wie sie Thiel als Vater findet.

Arbeitsaufträge:

1. Lesen Sie, was die Nachbarinnen tun und denken Sie allein darüber nach. Notieren Sie Stichworte zu a. in den beiden Sprechblasen. Überprüfen Sie Ihre Stichworte, indem Sie die Szenen im Kapitel II nachlesen.
2. Vergleichen Sie die Stichpunkte mit einem Partner oder einer Partnerin. Sprechen Sie dann über b. und c. Vielleicht unterhalten sich auch zwei Männer bzw. Nachbarn am Stammtisch. Ändert sich dabei das Gespräch?
3. Spielen Sie das Gespräch als Nachbarn oder Nachbarinnen je zu zweit in Ihrer Gruppe vor. Sprechen Sie dann über die Gespräche – wo unterscheiden sie sich? Warum?
4. Nachdenkaufgabe: Wie denken Sie darüber, wie Thiel sich gegenüber Tobias verhält?

*5. Zusatzaufgabe: Vieles von dem, was Thiel (nicht) tut, ist typisch für häusliche Gewalt und Misshandlung von Kindern in Familien.
Stellen Sie sich vor, Sie wären Nachbarn.
Besprechen Sie, wie man der Familie *damals* hätte helfen können. Recherchieren Sie, welche Möglichkeiten man dazu *heute* hätte.

4 Halt am Bahnübergang: mit den mitreisenden Damen ins Gespräch kommen
Das Frauenbild näher betrachten

Sachanalyse

Die beiden Ehefrauen Thiels werden von Grund auf kontrastiv gezeichnet, Ambivalenzen ausgeblendet – als ob eine Frau entweder Heilige oder Hure sein müsse und dazwischen nichts Platz habe.

Hauptmann wendet dabei den Kunstgriff an, die verstorbene Gattin postum von ihrem Mann idealisieren zu lassen, so dass das anfangs kurz skizzierte Bild der Lebenden im Rückblick erhöht und religiös verklärt wird. Nicht von ungefähr erinnert der Name – Minna – an den Begriff der *minne*, gedacht war wohl an die mittelalterliche »hohe Minne«, deren Erfüllung in der Hingabe an die reine Frau, die man durch eine Eroberung nicht erniedrigen durfte, bestand. Denn die Aufgabe der (adeligen) Dame war es, den Werbenden zurückzuweisen, so dass er die Kunst der Liebe zunehmend beherrschte, reiner in seinem Streben wurde und Treue und Beständigkeit übte. Diese Rolle kann die Frau, die Thiel geheiratet hatte, erst nach ihrem Tod, wenn sie tatsächlich unerreichbar geworden ist, für ihn einnehmen. Die reale Person wird in schmalen 14 Zeilen (Reclam XL, S. 3) als schmächtig und kraftlos, mit hohlwangigem, feinem Gesicht, beschrieben, deren zentrale Sorge vor ihrem Tod dem kränklichen Säugling gilt, den sie zur Welt gebracht hat. Die Verstorbene wird von Thiel in ihrer Mutterrolle heroisiert und zur Heiligen stilisiert. Sie wird eine »mächtige Figur seiner Imagination«[1]. Dieses imaginäre Bild der ersten Frau wird dazu benutzt, um einen deutlichen Kontrast zu der zweiten Ehefrau herzustellen: »Während Minna, ins Grundsätzliche gewendet, den Bereich des Gewissens und der moralischen Werte präsentiert, wird Lene sehr stark auf die Körperlichkeit reduziert.«[2] Im Gesamtbild, das von Lene gezeichnet wird, wird deutlich, dass diese Körperlichkeit nicht etwa mit Vitalität und Lebensfreude assoziiert wird, sondern negativ konnotiert ist.

Der Name der Kuhmagd Lene leitet sich von der sagenhaften Helena ab, die in der griechischen Mythologie als schönste, aber auch als »verhängnisvolle« Frau gilt und den Anlass für den Trojanischen Krieg gab. Lene ist jedoch nicht von sagenhafter Schönheit, sondern eher von animalischer Körperlichkeit, mit grob geschnittenem Gesicht, breiten Hüften und vollen Brüsten – eine durch und durch proletarische Version Helenas. Sie erregt nicht eine vergeistigte »hohe« Liebe, sondern die triebhaften »niederen« Instinkte des Mannes Thiel. In Ansätzen werden auch »gute« Aspekte ihres Charakters beschrieben: Sie ist eine unverwüstliche Arbeiterin und gute Wirtschafterin. Fleiß und Zielstrebigkeit werden aber umgedeutet, wenn etwa Lenes Leistungsfähigkeit beim Umgraben des Ackers »mit der Ausdauer einer Maschine« (S. 29) verglichen wird. Helmut Scheurer sieht sie damit »in eine[r] Ebene mit der bedrohlichen Welt der Technik«[3]. Daher wiegen diese per se positiven Gesichtspunkte die negativen Seiten nicht auf: Lene fehlt die »Seele« (S. 5), sie ist herrschsüchtig und gefühlskalt. Dass sie ihrem eigenen Kind gegenüber eine liebevolle und sorgende Mutter ist, wird nahezu vollständig ausgeblendet, da der zweite Sohn Thiels in der Erzählung als eigenständige Person, die auch Anspruch auf die Liebe beider Eltern hätte, nicht vorkommt. Im Mittelpunkt steht der Sohn aus erster Ehe, und Lene nimmt ihm gegenüber in geradezu klassischer Weise die Rolle der bösen Stiefmutter aus dem Märchen ein. Tobias muss hart arbeiten, wird von ihr dem eigenen Sohn gegenüber permanent zurückgesetzt, beschimpft und geschlagen.

Der Mann Thiel wird als hin- und hergerissen zwischen diesen beiden geradezu klischeehaften Ausprägungen des Weiblichen dargestellt. Und obwohl er ideell der Idealfigur der christlichen Frau, Minna, zuneigt, der guten Mutter, die, mit ihm in vergeistigter Liebe vereint, ihn zu Höherem inspiriert, triumphiert dann doch das Triebhafte. So ordnet er etwa fürsorgliche väterliche Regungen dem sexuellen Begehren unter, das die nur als sexualisierte Frau wahrgenommene Lene in ihm auslöst. Dadurch entsteht ein innerer Konflikt, der letztlich in einen Gewaltausbruch mündet. Das schlichte, dichotome Frauenbild Thiels in der Erzählung ist somit ein wichtiger Faktor für seine Entwicklung.

1 Lothar Wiese, *Gerhart Hauptmann. Bahnwärter Thiel*, München/Düsseldorf/Stuttgart 2007, S. 23.
2 Ebd.
3 Helmut Scheuer, »Gerhart Hauptmann: Bahnwärter Thiel«, in: *Interpretationen: Erzählungen und Novellen des 19. Jahrhunderts*, Bd. 2, Stuttgart 2008, S. 403.

Unterrichtsverlauf

Überblick. Die Schülerinnen und Schüler befassen sich mit der Rollenkonzeption »Heilige und Hure« im Allgemeinen und im Hinblick auf die beiden weiblichen Hauptfiguren, Lene und Minna. Sie betrachten diese unter diesem Aspekt aus unterschiedlichen Blickrichtungen und hinterfragen das Konzept kritisch. Fakultativ erweitern sie ihre Sichtweise auf Frauen um 1900 in der Beschäftigung mit weiblichen Persönlichkeiten aus dieser Zeit. ! **Verkürzter Verlauf: 4.1 – 4.2 – 4.3 – 4.4 – 4.5**

Phase	Thema	Sozialform	Kompetenzen/Lernziele	Materialien
Voraussetzungen: Textkenntnis bis einschließlich des ersten Teils des Kapitels III (Reclam XL, S. 26)				
4.1	Einstieg: Typische Rollenbilder für Frauen erkennen	UG	• Konzepte von Frauenrollen als »Heilige« und »Hure« andenken	VORLAGE 4a ➤ S. 23
4.2	Erarbeitung I: Die Rolle von Minna und Lene aus einer Außenperspektive exemplarisch erarbeiten	EA (*think*)	• Schreiben zu Minna od. Lene aus der Perspektive Thiels oder einer Freundin verfassen	ARBEITSBLATT 4a ➤ S. 27 f., Nr. 1, 2, 3 oder 4
4.3	Erarbeitung II: Die Rolle von Minna und Lene aus verschiedenen Perspektiven erleben	PA (*pair*)	• Die Perspektiven vergleichen: – die beiden Frauen aus einer Sicht – zur selben Frau aus zwei Blickwinkeln	ARBEITSBLATT 4a ➤ S. 27 f. ARBEITSBLATT 4b ➤ S. 29 f.
4.4	Vertiefung: Die gegensätzlichen Frauenfiguren (in ihrer Funktion für den Text) diskutieren	GA (*share*)	• die vorgestellten Rollenbilder im Kontext beobachten • diese kritisch hinterfragen	ARBEITSBLATT 4b ➤ S. 29 f.
4.5	Sicherung: Die Ergebnisse vergleichen	UG	• Sich zu den Ergebnissen in der Klasse austauschen	ARBEITSBLATT 4b ➤ S. 29 f.
*4.6 **fakultativ**	Erweiterung: Frauenpersönlichkeiten um 1900 wahrnehmen	EA / UG	• Auf berühmte Frauen um 1900 aufmerksam werden	VORLAGE 4b ➤ S. 25 Internetzugang
HA	Vorbereitende Textlektüre des Schlusses des Kapitels III			*Bahnwärter Thiel*, Reclam XL, S. 26–43

4.1 Einstieg: Typische Rollenbilder für Frauen erkennen

UG

VORLAGE 4a
➤ S. 23

Unterrichtsschritt. Die Lehrkraft zeigt VORLAGE 4a ***Ich denk an dich als …***. Die Lernenden stellen zunächst Beobachtungen zu den Bildern an und vergleichen sie. Schließlich beziehen sie sie auf den bislang gelesenen Text (bis S. 26 in der Ausgabe Reclam XL).

Leitfragen:
- Welche Begriffe assoziieren Sie mit den Bildern?
- Inwiefern entsprechen diese einem modernen Frauenbild, inwiefern einem Frauenbild um 1900?
- Passen die beiden Bilder zu den beiden weiblichen Hauptfiguren im Text?
- Welchen Vorstellungen Thiels entsprechen die Bilder?
- Welche Textstellen passen zu diesen Vorstellungen? (Genannt werden können z. B. S. 6, Z. 26 ff.; S. 17, Z. 4 ff.; S. 24, Z. 28 ff.)

Erläuterungen. Die Bilder veranschaulichen Ausprägungen von Weiblichkeit unter den Stichworten »Heilige« und »Hure«. Die Dichotomie wird erstmals von Sigmund Freud beschrieben und spiegelt einen Ansatz der christlich und patriarchalisch geprägten Gesellschaft um die Jahrhundertwende 1900 wider, der sich teilweise bis heute

VORLAGE 4a

Ich denk an dich als …

Frauenbilder
Links: Sandro Botticelli, *Madonna mit dem Buch* (1480); rechts: Elfriede Lohse-Wächtler, *Lissy* (1931)

tradiert, in feministisch durchwirkten Diskursen der Gegenwart jedoch klar negiert wird, da er einem gleichberechtigten Geschlechterbild widerspricht. Hauptmann antizipiert die These Freuds: Die Dichotomie findet sich in der Gedankenwelt Thiels und wirkt für diesen toxisch. Bei der Diskussion, inwiefern die beiden Frauen, Lene und Minna, zu diesem Konzept Hure/Madonna passen, kann man hier schon über den Text hinausführende Überlegungen anregen, dass die Frauen, so sie wirklich gelebt hätten, wohl viele Aspekte ausgelebt hätten, die von Thiel nicht wahrgenommen werden.

4.2 Erarbeitung I: Die Rolle von Minna und Lene aus einer Außenperspektive exemplarisch erarbeiten

EA (*think*)

ARBEITSBLATT 4a
➤ S. 27 f.

Unterrichtsschritt mit Erläuterungen. Die Schülerinnen und Schüler nehmen individuell (*think*) die Perspektive Thiels oder einer fiktiven Frau aus dem Freundeskreis der Protagonistinnen ein und verfassen einen Text zu einer der beiden Frauen und ihrer Rolle aus männlicher/weiblicher Sicht.

Die Lernenden finden sich in Gruppen von vier Personen zusammen. Es ist möglich – aber nicht zwingend nötig –, je zwei Mädchen aus weiblicher Sicht, je zwei Jungen aus männlicher Sicht schreiben zu lassen (es lässt sich evtl. mit der Lerngruppe besprechen, ob die Teilnehmenden das möchten). Dann werden die vier Schreibaufgaben vergeben (vgl. ARBEITSBLATT 4a ***Briefe schreiben***): Thiel schreibt jeweils einen Brief an seine verstorbenen Frauen, Lene (Arbeitsauftrag 1) und Minna (Arbeitsauftrag 2), eine Freundin schreibt in einem Beileidsschreiben über ihre verstorbene Freundin Lene (Arbeitsauftrag 3) bzw. Minna (Arbeitsauftrag 4). Wichtig bei der Formulierung des Schreibauftrags ist zu betonen, dass die Eigenschaften, die Lene und Minna zugeschrieben werden, entweder einen direkten Textbezug haben oder – mindestens im weiteren Sinn – zum Text passen müssen.

4.3 Erarbeitung II: Die Rolle von Minna und Lene aus verschiedenen Perspektiven erleben

PA *(pair)*

ARBEITSBLATT 4a
➤ S. 27 f.
ARBEITSBLATT 4b
➤ S. 29 f.

Unterrichtsschritt. Die Schülerinnen und Schüler vergleichen paarweise (*pair*) die anhand von ARBEITSBLATT 4a erarbeiteten Sichtweisen auf die bzw. der Frauen in zwei Durchgängen: a) die beiden Frauen aus einer Sicht, b) zur selben Frau aus den zwei Blickwinkeln (ARBEITSBLATT 4b ***Minna und Lene – Heilige und Hure?***, Arbeitsauftrag 1).

Erläuterungen. Die Viererteams treffen sich nun zweimal (beispielsweise: zwei Jungen in der Perspektive Thiels auf die beiden Frauen und zwei Mädchen in der Perspektive der Freundinnen auf die beiden Frauen): Zunächst tauschen sich die beiden Jungen darüber aus, wie Thiel seine beiden Frauen sieht, die beiden Mädchen sprechen darüber, wie eine gute Freundin Minna und Lene erlebt haben könnte. Dann treffen sich je ein Junge und ein Mädchen zur selben Person und vergleichen, was die Freundin in Lene bzw. Minna sieht, was Thiel nicht wahrnimmt und umgekehrt.

4.4 Vertiefung: Die gegensätzlichen Frauenfiguren (in ihrer Funktion für den Text) diskutieren

GA *(share)*

ARBEITSBLATT 4b
➤ S. 29 f.

Unterrichtsschritt. Die Schülerinnen und Schüler erörtern in der Gruppe (*share*), wie sich die Sichtweisen unterscheiden. Nach der Lektüre des Textes »Rollenbilder des Patriarchats« (ARBEITSBLATT 4b , Arbeitsauftrag 2) ordnen sie die weiblichen Rollenbilder in den Diskurs um die Vorstellung von der Frau als Heilige und Hure ein. Sie schätzen die These, Lene und Minna als Projektionsfiguren eines Mannes, als entsexualisierte Heilige und als die sexualisierte Frau, die Hure, zu sehen, in ihrer Bedeutung für den Text ein (Arbeitsauftrag 3). Diskussionsgrundlage sind die selbstverfassten Texte und ARBEITSBLATT 4b .

Erläuterungen. Die Arbeitsaufträge auf ARBEITSBLATT 4b greifen zunächst die Texte der Gruppenmitglieder auf, wenn sie vergleichen sollen, wie Thiel und die Freundinnen Minna und Lene sehen. Die unterschiedlichen Perspektivierungen können im Idealfall ein Gespräch in der Gruppe anregen, welchen Blickwinkel die Gruppenmitglieder nachvollziehbar und/oder sympathisch finden.

Die Ausweitung auf die Dichotomie zu weiblichen Rollenbildern aus männlicher Sicht »Heilige und Hure« über den Informationstext auf ARBEITSBLATT 4b kann auch gerne zu anknüpfenden, über die Textarbeit hinausgehenden Überlegungen zu Konzepten von Weiblichkeit führen. Die These von Lene und Minna als Projektionsfiguren des Mannes Thiel, lenkt das Gespräch dann wieder zurück zum Text.

4.5 Sicherung: Die Ergebnisse vergleichen

UG

ARBEITSBLATT 4b
➤ S. 29 f.

Unterrichtsschritt. Die einzelnen Gruppen tauschen sich im Plenum über ihre Ergebnisse der Erarbeitung von ARBEITSBLATT 4b im Unterrichtsgespräch aus.

Erläuterungen. Wenn in den Gruppen eine dichte Gesprächsatmosphäre herrscht und sich die Teilnehmenden im Themenkreis interessiert bewegen, kann man Unterrichtsschritt 4.4 mehr Zeit einräumen und auf 4.5 verzichten oder jede Gruppe ein kurzes Statement abgeben lassen. Wenn nur einzelne Gruppen gut diskutieren, kann man den Gruppen, die wenig vorankommen, einen Schreibauftrag zur These auf ARBEITSBLATT 4b geben (Arbeitsauftrag 3), den diese dann in der Klasse vorlesen. Sollten die Gruppen überwiegend Schwierigkeiten mit Schritt 4.4 haben, kann man auch nach kürzerer Zeit zum Unterrichtsgespräch und einer gemeinsamen Erarbeitung übergehen. Dann lässt man exemplarisch nochmals einzelne Texte im Plenum vorlesen und besprechen.

*4.6 Erweiterung: Frauenpersönlichkeiten um 1900 wahrnehmen fakultativ

Unterrichtsschritt. Die Schülerinnen und Schüler informieren sich anhand VORLAGE 4b ***Frauen 1880–1920*** über Frauenpersönlichkeiten um 1900.

EA / UG

VORLAGE 4b

➤ S. 25
Internetzugang

Erläuterungen. Möglicherweise möchte man nicht bei dem reduzierenden Bild von Weiblichkeit, das Hauptmann mit seinen beiden Protagonistinnen entwirft, stehen bleiben. In VORLAGE 4b wird auf einige Frauenpersönlichkeiten um 1900 verwiesen, was dazu anregen könnte, sich mit den Leistungen von Frauen in dieser Zeit auseinanderzusetzen. Die Schülerinnen und Schüler bekommen Rechercheaufträge zu je einer Frauenpersönlichkeit und können diese in einem kurzen Referat vorstellen. Der Rechercheeinstieg kann über Wikipedia erfolgen, wo sich auch Verweise auf weitere Quellen finden.

VORLAGE 4b

Frauen 1880–1920

Else Schüler, um 1894

Marie Curie, 1911

Bertha von Suttner, 1903

Selma Lagerlöf, 1906

Königin Victoria, 1882

Anita Augspurg, 1902

Hausaufgabe

Die Schülerinnen und Schüler lesen vorbereitend den Schluss des Kapitels III des *Bahnwärter Thiel* (Reclam XL, S. 26–43) in häuslicher Eigenarbeit.

Briefe schreiben

A. Briefe an verstorbene Menschen schreiben (Thiel an Minna und Lene)

Info:
Therapeuten empfehlen manchmal, Briefe an Verstorbene zu schreiben. Das kann auf den ersten Blick seltsam klingen. Die innere Auseinandersetzung mit dem Toten gehört zum Abschiednehmen dazu und ist manchmal wie ein Gespräch, auch wenn der Tote nie wieder wird antworten können. Ein Brief hilft unter Umständen dabei, diesen inneren Kontakt aufzunehmen und als Technik zu nutzen, um die eigenen Gedanken und Gefühle zu ordnen.

Geliebte Minna, wenn ich an dich denke, erinnere ich mich so gerne daran, wie du immer in der Kirchenbank mit mir ins Gesangbuch geschaut hast, ...	S. 3

1. Stellen Sie sich vor, *Thiel* bekommt im Irrenhaus die Aufgabe, an seine verstorbene Frau *Minna* zu schreiben.

- Er schreibt über seine Erinnerungen und die Momente, wenn sie ihm ganz nahe war.
- Er schreibt über seine Gefühle zu ihr.
- Er schreibt darüber, wie er sie als Frau und als Mensch sieht.

Verfassen Sie diesen Brief. Beziehen Sie sich dabei direkt auf Textstellen aus der Novelle, die Sie am Rand genau angeben.

2. Stellen Sie sich vor, *Thiel* bekommt im Irrenhaus die Aufgabe, an seine von ihm ermordete Frau *Lene* zu schreiben.

- Er schreibt über seine Erinnerungen und die gemeinsamen Erlebnisse.
- Er schreibt über seine Gefühle zu ihr.
- Er schreibt darüber, wie er sie als Frau und als Mensch sieht.

Verfassen Sie diesen Brief. Beziehen Sie sich dabei direkt auf Textstellen aus der Novelle, die Sie am Rand genau angeben.

B. Ein Beileidsschreiben an Thiel (Freundinnen von Minna und Lene an Thiel)

Info:
Wenn Angehörige um den Verlust eines Menschen trauern, ist es üblich, ihnen das Beileid schriftlich auszusprechen – daher die Bezeichnung »Beileidsschreiben« (auch: »Kondolenzbrief« oder »Trauerschreiben«). War die Verstorbene eine gute Freundin, kann der Text beispielsweise an schöne Momente mit der Verstorbenen erinnern.

Lieber Thiel,

wenn ich an Minna denke, erinnere ich mich daran, wie sie immer in der Kirchenbank mit dir ins Gesangbuch geschaut hat, ...

S. 3

3. Stellen Sie sich vor, dass eine *Freundin von Minna* nach ihrem Tod an den trauernden Ehemann *Thiel* schreibt.

- Sie schreibt über ihre Erinnerungen und die gemeinsamen Erlebnisse.
- Sie schreibt über ihre Gefühle zu ihr.
- Sie schreibt darüber, wie sie sie als Frau und als Mensch sieht.

Verfassen Sie diesen Brief. Beziehen Sie sich dabei, wo möglich, direkt auf Textstellen aus der Novelle, die Sie am Rand genau angeben. Sie können auch Inhalte erfinden und ergänzen, die zu den Angaben im Text aber passen sollten.

4. Stellen Sie sich vor, dass eine frühere *Freundin von Lene* aus Alte-Grund nach ihrem Tod an den trauernden Ehemann *Thiel* schreibt (von dessen Schuld an Lenes Tod sie nichts weiß).

- Sie schreibt über ihre Erinnerungen und die gemeinsamen Erlebnisse.
- Sie schreibt über ihre Gefühle zu ihr.
- Sie schreibt darüber, wie sie sie als Frau und als Mensch sieht.

Verfassen Sie diesen Brief. Beziehen Sie sich, wo möglich, dabei direkt auf Textstellen aus der Novelle, die Sie am Rand genau angeben. Sie können auch Inhalte erfinden und ergänzen, die zu den Angaben im Text aber passen sollten.

Minna und Lene – Heilige und Hure?

Rollenbilder des Patriarchats: Die Frau als Heilige oder als Hure

Es ist ein bekanntes Phänomen – vor allem, aber nicht nur, in patriarchalisch aufgestellten Gesellschaften –, dass Männer Frauen kategorisieren: Entweder sie stellt für ihn eine Heilige dar, oder er qualifiziert sie als Hure ab.

Als Heilige gibt sie das Hausmütterchen hinterm Herd: die treue, brave, gehorsame Ehefrau und Mutter seiner Kinder. Als Hure ist sie der Inbegriff des sexuell aufreizenden Weiblichen, die Verkörperlichung seiner sexuellen Phantasien, die Frau, die nach Sex aussieht und mit der man Sex lebt.

Die Idee dieser komplementären Rollenbilder geht auf den Begründer der Psychoanalyse, Sigmund Freud, zurück. Männer rechtfertigen mit diesem Ansatz weitere, sexuell erfüllende Beziehungen mit »leichten Mädchen« neben der Ehe mit der Frau, an die höchste moralische Anforderungen gestellt werden.

Als Ursache für die Trennung von Lebens- und Bettgefährtin können unterschiedliche Aspekte vermutet werden:

- Männer suchen sich für eine feste Beziehung eine Frau, von der sie Keuschheit fordern, um sich sicher sein zu können, dass die ehelichen Kinder von ihnen sind. Ein zurückhaltendes persönliches Lustempfinden bei einer Frau scheint ihnen dabei ein Garant zu sein, dass die Frau treu bleibt.
- Männer suchen für eine lebenslange Beziehung eine Frau, die ihrer Mutter ähnelt, da sie aus ihrer Kindheit durch diesen Frauentyp geprägt sind und sich dadurch in der Beziehung sicherer fühlen, oder
- Männer suchen einen Muttersatz, der Bedürfnisse erfüllt, die in ihrer Kindheit nicht befriedigt wurden, wie etwa die Sehnsucht nach Geborgenheit. Doch mit seiner Mutter schläft man nicht, das heißt, mit der Frau, die eher eine Systemstelle in einer Eltern-Kind-Beziehung ausfüllt als eine Partnerin auf Augenhöhe zu sein, fällt es schwer, erotische Begehren auszuleben.
- Frauen, die eine lustvolle individuelle Sexualität offen leben, werden daher von solchen Männern für ein kurzes Intermezzo gesucht, moralisch aber abqualifiziert, da hier die Angst herrscht, auf Dauer nicht bestehen zu können.

Jessica Wagener spricht sich ganz deutlich dafür aus, diese – definitiv antiquierten – Rollenbilder als Unsinn abzuqualifizieren:

»›Männer, die Frauen entweder als Huren oder Heilige betrachten, bejahen die Sexualität der Frau nicht ganz‹ […]. Frauen für eine lustvoll gelebte, aktive Sexualität gering zu schätzen und ihnen deshalb die Eignung für eine feste, stabile Partnerschaft abzusprechen, ist genauso unfair, wie Frauen als rein fürsorglich und brav zu idealisieren. […]

Eine Integration dieser entgegengesetzten Rollenbilder ist jedoch durchaus möglich, wie Birgit Natale-Weber aus ihrer Erfahrung erzählt: ›Ich kenne viele Paare, die es geschafft haben, diese Lücke zu schließen. Sie haben ein ausgeglichenes Familienleben und schaffen es als Liebespaar ihre Bedürfnisse gemeinsam auszuleben. Wichtigste Zutat: offen und ehrlich sein.‹«

Jessica Wagener: Hure oder Heilige? Warum diese Rollenbilder Nonsens sind. www.zeit.de/zett/liebe-sex/2019-11/hure-oder-heilige-warum-diese-rollenbilder-nonsens-sind (27.11.2019).

Arbeitsaufträge:

1. Vergleichen Sie:
   - Minna und Lene, so wie Thiel sie sieht
   - Minna und Lene, so wie die Freundinnen sie sehen
   - Minna aus den beiden Blickwinkeln Thiels und der Freundin
   - Lene aus den beiden Blickwinkeln Thiels und der Freundin
2. Informieren Sie sich zu den weiblichen Rollenbildern »Heilige und Hure« aus männlicher Sicht anhand des voranstehenden Textes.
3. Diskutieren Sie folgende These:
   Lene und Minna sind Projektionsfiguren eines Mannes.
   Minna ist die entsexualisierte **Heilige**, Lene ist die sexualisierte Frau, die **Hure**.
   Überlegen Sie in diesem Kontext, inwiefern Thiel diese schematische Einteilung nützen würde.

5 Im Reisemagazin: in der Rubrik »Technik und Fahrzeuge« blättern Das Dingsymbol »Eisenbahn« verorten

Sachanalyse

Geht man der Bedeutung der »Technik« im *Bahnwärter Thiel* nach, muss man sich bewusstmachen, dass Hauptmann in einer Zeit schreibt, in der der Begriff einem massiven Wandel unterliegt: »Am Beginn des 19. Jahrhunderts diente ›Technik‹ [...] als Gesamtbezeichnung der handwerklichen Fertigkeiten, die Teil humaner Bildung waren. Am Ende des 19. Jahrhunderts meint ›Technik‹ eine mit Hilfe von Maschinen erfolgende Beherrschung der gesamten Natur, die ihren Zweck in sich selbst hat.«[1] Die Auseinandersetzung mit den radikalen Veränderungen der Umwelt im Zuge der Industriellen Revolution arbeitet sich besonders an der Eisenbahn ab, als der »erste[n] Maschine, die wirklich öffentlich sichtbar war [...] – ihre Schnelligkeit, ihr unaufhaltsamer Fortgang, ihre eiserne Unerbittlichkeit machten sie zugleich zum herausragenden Symbol, im positiven, wie im negativen Sinn.«[2] Hauptmann, der eher am Ende der literarisch-kulturgeschichtlichen Assimilation der Eisenbahn steht, setzt mit seiner novellistischen Studie neue Akzente, die Alfred Heinimann unter dem Stichwort »Aus Technik-Helden werden Technik-Opfer«[3] erfasst.

Die Dichotomie, die Hauptmann im Blick auf seine Frauenfiguren entwirft, setzt sich in gewisser Weise in der Umwelt Thiels fort als Dichotomie Natur[4] versus Technik, letztere in der Form von Eisenbahnzügen und -schienen. Wo Minna und die Schönheit des Waldes verklärt werden, wird Lene in ihrer zerstörenden Wirkung mit der Eisenbahn in Verbindung gebracht: »Eine Kraft schien von dem Weibe auszugehen, unbezwingbar, unentrinnbar, [...] wie ein Netz von Eisen legte es sich um ihn« (S. 17). Dem entspricht das Bild der »schwarzen, parallellaufenden Geleise« (S. 19) an Thiels Arbeitsplatz, die »in ihrer Gesamtheit einer ungeheuren eisernen Netzmasche« (ebd.) gleichen, einem unabänderlichen, festgelegten Weg, der die Richtung für Thiels Schicksal vorgibt.

Energiegeladen und aggressiv macht sich Lene »mit der Ausdauer einer Maschine« (S. 29) den Acker in Thiels Waldeinsamkeit zu eigen. Ähnlich werden die einsamen Nächte im Wärterhäuschen von »vorbeitobenden Bahnzügen unterbrochen« (S. 7 f.), die gewaltsam Thiels Andacht stören. Raumgreifend und laut bricht die Bahn immer wieder in das »alte heil'ge Schweigen« (S. 20) im »Waldwinkel« (ebd.) ein: »Durch die Geleise ging ein Vibrieren und Summen, ein rhythmisches Geklirr, ein dumpfes Getöse, das, lauter und lauter werdend, zuletzt den Hufschlägen eines heranbrausenden Reitergeschwaders nicht unähnlich war. Ein Keuchen und Brausen schwoll stoßweise fernher durch die Luft; dann plötzlich zerriss die Stille. Ein rasendes Tosen und Toben erfüllte den Raum, die Geleise bogen sich, die Erde zitterte – ein starker Luftdruck – eine Wolke von Staub, Dampf und Qualm, und das schwarze, schnaubende Ungetüm war vorüber« (ebd.). Auch der Tod von Tobias wird von beiden verantwortet: Lene, der unachtsamen Stiefmutter, und der Eisenbahn als Vollstreckerin. In dem Bild des kleinen Körpers, der als »dunkle Masse« (S. 32) wie ein »Gummiball hin und her geworfen« (ebd.) wird, zeichnet sich ab, wie gleichgültig das Leben Tobias' in diesem Umfeld ist. Thiel zerbricht an den Geschehnissen und sucht sich als Schlusspunkt seiner Geschichte den Schauplatz des Unglücks zwischen den Bahngleisen, von dem man ihn gewaltsam entfernen muss.

»Zum ersten Mal in der Geschichte der deutschen Fiktionalisierung der Eisenbahn ist sie somit bei Hauptmann zum auslösenden Moment psychischer Vorgänge und zur sichtbaren Verkörperung unsichtbarer zerstörerischer Mächte geworden.«[5] In dieser Rolle nimmt sie auch die Funktion des Leit- bzw. Dingsymbols ein, das sich in einer Novelle durch die gesamte Erzählung zieht.

1 Johannes Mahr, *Eisenbahnen in der deutschen Dichtung*, München 1982, S. 18 f.

2 Rolf Peter Sieferle, *Fortschrittsfeinde? Opposition gegen Technik und Industrie von der Romantik bis zur Gegenwart*, München 1984, S. 100 ff.

3 Vgl. Alfred Heinimann, *Technische Innovation und literarische Aneignung*, Bern 1992, S. 244.

4 Die Verklärung der Natur bildet nur einen Teil der insgesamt komplexeren Funktionen der Naturdarstellungen ab, dazu vgl. Kap. 6.

5 Heinimann (Anm. 3), S. 248.

Unterrichtsverlauf

Überblick. Die Schülerinnen und Schüler gewinnen Einblick in die technische Entwicklung der Eisenbahn um 1900 und ihre Rolle im *Bahnwärter Thiel*. Sie untersuchen ausgewählte Textstellen auf die akustische und optische Darstellung der Bahn und interpretieren, welche Wirkungen diese in emotionaler und atmosphärischer Hinsicht zeigen. Im Vergleich mit zwei weiteren zeitgenössischen Texten werden sie sich der Unterschiedlichkeit der literarischen Verarbeitung des Motivs bewusst. ! Verkürzter Verlauf: 5.1 – 5.2 – 5.3 – 5.4 – 5.5

Phase	Thema	Sozialform	Kompetenzen/Lernziele	Materialien
Voraussetzungen: Kenntnis des vollständigen Textes				
5.1	Einstieg: Wat is en Dampfmaschin'? Und wie steuert man eine Dampflok?	PA	• Sich über die Dampfeisenbahn um 1900 informieren	Internetzugang
5.2	Erarbeitung I: Darstellung der Eisenbahn in einschlägigen Textauszügen detailliert untersuchen	EA / UG	• Die Gestaltung des Motivs »Eisenbahn« im Text wahrnehmen	ARBEITSBLATT 5a ➤ S. 35 f. TAFELBILD 5 ➤ S. 33
5.3	Erarbeitung II: Wirkung der Motivgestaltung hinterfragen	PA	• Die Motivgestaltung im Hinblick auf ihre emotional/ atmosphärische Wirkung hin bemerken	ARBEITSBLATT 5a ➤ S. 35 f. TAFELBILD 5 ➤ S. 33 (evtl. Tablet, Zeichenmaterial oder Instrument)
5.4	Vertiefung: Das Motiv »Eisenbahn« in Texten des 19./20. Jahrhunderts in fiktionalen Interviews vergleichen	GA	• Die unterschiedliche Gestaltung des Motivs »Eisenbahn« in zeitgenössischen Texten kennenlernen	ARBEITSBLATT 5b ➤ S. 37 f.
5.5	Sicherung: Sich zu den Ergebnissen in der Klasse austauschen	UG	• Die Eisenbahn als Verkörperung zerstörerischer Mächte im *Bahnwärter Thiel* verstehen	TAFELBILD 5 ➤ S. 33
*5.6 fakultativ	Exkurs: Das Motiv der »Eisenbahn« in der zeitgenössischen Lyrik	EA / PA / GA / UG		*Bahnwärter Thiel*, Reclam XL, S. 71 f.

5.1 Einstieg: Wat is en Dampfmaschin'? Und wie steuert man eine Dampflok?

PA

Internetzugang

Unterrichtsschritt. Die Lernenden informieren sich zu zweit mit Tablet oder Handy über die Dampflokomotive um 1900 und sehen dazu die Erklärung des Deutschen Technikmuseums an: https://artsandculture.google.com/exhibit/wat-is-en-dampfmaschin/KQKy9RekSvVUJQ?hl=de (Stand: 10.12.2021).

5.2 Erarbeitung I: Darstellung der Eisenbahn in einschlägigen Textauszügen detailliert untersuchen

EA / UG

ARBEITSBLATT 5a ➤ S. 35 f.

TAFELBILD 5 ➤ S. 33

Unterrichtsschritt. Die Schülerinnen und Schüler lesen zentrale Textausschnitte zum Thema auf ARBEITSBLATT 5a ***Das Motiv der Eisenbahn*** und markieren in den Texten alle optischen und akustischen Eindrücke, die die Eisenbahn kennzeichnen, in je einer eigenen Farbe (Arbeitsauftrag 1). Im Unterrichtsgespräch vergleichen sie ihre Ergebnisse, die an der Tafel festgehalten werden (TAFELBILD 5).

TAFELBILD 5

Das Motiv der Eisenbahn in *Bahnwärter Thiel*

atmosphärisch	optisch	akustisch	emotional
• Bricht gewaltig und unheilvoll in das »alte heil'ge Schweigen« ein • Wirkt diabolisch als riesiges Ungetüm mit blutigem Schein • Überfährt Tobias schicksalhaft, grausam und unaufhaltsam • Führt als trostloser Leichenzug zum traurigen Ende	• In der Ferne: dunkler Punkt am Horizont • Vorbote: schwarzer Qualm, der sich über die Strecke wälzt • Präsent mit einer Wolke von Staub, Dampf und Qualm • Sichtbar werden schwarze Maschinenschlote mit milchweißen Dampfstrahlen und Reisende, die aus den Wagons sehen.	• Kündigt sich mit schriller/vom Wind zerrissener Glocke an • In voller Fahrt: Keuchen, Brausen, rasendes Tosen und Toben, fauchender Dampf • Bremsgeräusche: Quietschen, Schnarren, Rasseln, Klirren • Schreiende, gellende Notpfiffe	• Störend in der Waldeinsamkeit • Beängstigend als Vorbotin kommenden Unheils • Zerstörerisch als Todesbringerin • Entsetzlich als Symbol für die Endgültigkeit von Tobias' Tod
➤ Verkörperung zerstörerischer Mächte			

Erläuterungen. Auf ARBEITSBLATT 5a sind vier zentrale Textstellen abgebildet, bei denen das Motiv »Eisenbahn« im Mittelpunkt steht. Es ist möglich, die Aufgabe zu stellen, in der Lektüre selbständig Stellen über die Eisenbahn zu finden. Trotzdem bietet ARBEITSBLATT 5a die Möglichkeit, die Texte in der unmittelbaren Zusammenschau dichter wahrzunehmen. Die analytische Trennung von optischen und akustischen Elementen verdeutlicht, wie vielschichtig die sprachlichen Mittel sind, mit denen Hauptmann die Eisenbahn als Erscheinungsform darstellt. Im Unterrichtsgespräch kann die Ausführlichkeit der Beschreibung hervorgehoben werden.

5.3 Erarbeitung II: Wirkung der Motivgestaltung hinterfragen

Unterrichtsschritt. Die Lernenden suchen die Stellen im Text und bestimmen im Gespräch, wie es Thiel in den einzelnen Situationen jeweils emotional geht. Sie halten ihre Ergebnisse in Stichpunkten fest (ARBEITSBLATT 5a, Arbeitsauftrag 2). Dann lassen sie die Textstellen im gegenseitigen Vortrag noch einmal auf sich wirken und bestimmen die Atmosphäre entweder verbal oder bildlich (Arbeitsauftrag 3). Emotionale und atmosphärische Eindrücke werden im Unterrichtsgespräch benannt und an der Tafel festgehalten (TAFELBILD 5, kann um Zeichnungen ergänzt werden).

PA

ARBEITSBLATT 5a ➤ S. 35 f.

TAFELBILD 5 ➤ S. 33

Erläuterungen. Die Frage nach der Wirkung der Darstellung zielt zum einen auf den Protagonisten Thiel, dessen *emotionale* Befindlichkeiten eng an das Motiv der Bahn geknüpft werden. Gleichzeitig wirkt die Darstellung auch stark *atmosphärisch* auf den Leser. Beide Blickrichtungen sollen die Schülerinnen und Schüler herausarbeiten. Die Wahrnehmung der Atmosphäre regt zu einer kreativen Gestaltung an: Sie kann verbal wiedergegeben werden, aber auch künstlerisch, z.B. als Bild (Aquarell, Tuschezeichnung), eventuell auch musikalisch umgesetzt werden (Kreation mit eigenem Instrument, Finden von Liedern im Internet, die zur Stimmung passen). Letztere Möglichkeiten eignen sich auch gut als (freiwillige) Hausaufgabe.

5.4 Vertiefung: Das Motiv »Eisenbahn« in Texten des 19./20. Jahrhunderts in fiktionalen Interviews vergleichen

GA

ARBEITSBLATT 5b
➤ S. 37 f.

Unterrichtsschritt. Die Schülerinnen und Schüler lesen die Zusatztexte von Peter Rosegger und Thomas Mann auf ARBEITSBLATT 5b ***Das Motiv »Eisenbahn« in Texten des frühen 20. Jahrhunderts.*** Sie erarbeiten in der Gruppe ein Gespräch in einer Talkshow, in der ein Moderator bzw. eine Moderatorin drei Lernende, die den Bahnwärter Thiel, den Jochem und Hans Castorp verkörpern, zu ihren unterschiedlichen Eindrücken zur Eisenbahn befragt.

Erläuterungen. Falls die Fragen aus dem Hilfsangebot verwendet werden, könnte z. B. Folgendes herausgearbeitet werden:

- In welchem Verhältnis stehen Sie zur Eisenbahn? Thiel: Bahnwärter, Angestellter; Jochem: Passant; Hans Castorp: Fahrgast.
- Wird die Eisenbahn von Ihnen eher positiv oder negativ wahrgenommen? Thiel: negativ, Bahn ist bedrohlich; Jochem: ambivalent, kindlich-staunend; Hans Castorp: eher positiv, Bahnfahrt ist großartig, aber auch verwirrend.
- Welche Aspekte der Wahrnehmung stehen für Sie im Vordergrund? Thiel: störend in der Waldeinsamkeit, beängstigend als Vorbotin kommenden Unheils, zerstörerisch als Todesbringerin, entsetzlich als Symbol für die Endgültigkeit von Tobias' Tod (wie erarbeitet, vgl. TAFELBILD 5); Jochem: Eisenbahn wird wie ein lebendiges Wesen wahrgenommen, hat etwas Diabolisches, ist in seiner Gewaltigkeit ganz unglaublich; Hans Castorp: der Zug führt auf eine neue, phantastische Weise durch die Bergwelt, ermöglicht neue Ein- und Ausblicke, führt aber dadurch auch zu »leichtem Schwindel«.
- Wie ist die Eisenbahn (bzw. Technik) mit der Natur verknüpft? Thiel: teils verstärken die Naturerscheinungen die Wirkung der Bahn, teils (zer)stört die Bahn die Natur; Jochem: die überwältigende Erscheinung der Eisenbahn wird vom »Loch«, d. h. Tunnel, verschluckt und zum Verschwinden gebracht; Hans Castorp: der Zug fügt sich harmonisch in die großartige Bergwelt, in die er neue Einblicke erschließt und führt letzten Endes darüber hinaus.

5.5 Sicherung: Sich zu den Ergebnissen in der Klasse austauschen

UG

Unterrichtsschritt. Die einzelnen Gruppen führen ihre Talkshows vor und sprechen darüber.

TAFELBILD 5
➤ S. 33

Erläuterungen. Insgesamt sollte deutlich werden, dass nur für den Bahnwärter Thiel die Eisenbahn eine Verkörperung zerstörerischer Mächte in seinem Leben darstellt (Ergänzung von TAFELBILD 5), im Gegensatz zu dem puren Überwältigtsein von der neuen Technik bei Rosegger und der Erfahrung von der Eisenbahn als Vehikel, das auf unergründlichen Wegen aus den Ortschaften und der »Zone der Laubbäume« hinausführt bei Mann.

*5.6 Exkurs: Das Motiv der »Eisenbahn« in der zeitgenössischen Lyrik (fakultativ)

EA / PA / GA / UG

Unterrichtsschritt. Leistungsstarken oder an Lyrik interessierten Lerngruppen kann an dieser Stelle angeboten werden, als Exkurs einen Unterrichtsschritt zum Thema »Eisenbahn in der deutschen Lyrik« einzuschieben. In der Ausgabe des *Bahnwärter Thiel*, Reclam XL, werden zwei lyrische Texte, Ernst Stadler, *Fahrt über die Kölner Rheinbrücke bei Nacht* (S. 71), und Johannes R. Becher, *Lokomotiven* (S. 72), angeboten. – Auch von Gerhart Hauptmann gibt es ein Gedicht zum Thema, das unmittelbar vor dem *Bahnwärter Thiel* erschien (Gerhart Hauptmann, *Im Nachtzug*, in: *Sämtliche Werke. Centenar-Ausgabe zum hundertsten Geburtstag des Dichters*, Bd. 4, Frankfurt a. M. / Berlin 1964, S. 54 ff.). Die Gedichtanalysen können mit den Ergebnissen der zuvor hier erarbeiteten Prosatexte verglichen werden.

Das Motiv der Eisenbahn

in Gerhart Hauptmanns *Bahnwärter Thiel*

Textauszüge:

1.

»Als dies geschehen war, meldete die Glocke mit drei schrillen Schlägen, die sich wiederholten, dass ein Zug in der Richtung von Breslau her aus der nächstliegenden Station abgelassen sei. [...] Der Wärter stand noch immer regungslos an der Barriere. Endlich trat er einen Schritt vor. Ein dunkler Punkt am Horizonte, da wo die Geleise sich trafen, vergrößerte sich. Von Sekunde zu Sekunde wachsend, schien er doch auf einer Stelle zu stehen. Plötzlich bekam er Bewegung und näherte sich. Durch die Geleise ging ein Vibrieren und Summen, ein rhythmisches Geklirr, ein dumpfes Getöse, das, lauter und lauter werdend, zuletzt den Hufschlägen eines heranbrausenden Reitergeschwaders nicht unähnlich war.

Ein Keuchen und Brausen schwoll stoßweise fernher durch die Luft. Dann plötzlich zerriss die Stille. Ein rasendes Tosen und Toben erfüllte den Raum, die Geleise bogen sich, die Erde zitterte – ein starker Luftdruck – eine Wolke von Staub, Dampf und Qualm, und das schwarze, schnaubende Ungetüm war vorüber. So wie sie anwuchsen, starben nach und nach die Geräusche. Der Dunst verzog sich, zum Punkte eingeschrumpft, schwand der Zug in der Ferne, und das alte heil'ge Schweigen schlug über dem Waldwinkel zusammen.« (Reclam XL, S. 20)

2.

»Thiel hatte Licht gemacht. Sein erster Blick, nachdem er die Fassung wiedergewonnen, galt der Uhr. Es lagen kaum fünf Minuten zwischen jetzt und der Ankunft des Schnellzuges. Da er glaubte, das Signal überhört zu haben, begab er sich, so schnell als Sturm und Dunkelheit erlaubten, nach der Barriere. Als er noch damit beschäftigt war, diese zu schließen, erklang die Signalglocke. Der Wind zerriss ihre Töne und warf sie nach allen Richtungen auseinander. [...]

Zwei rote, runde Lichter durchdrangen wie die Glotzaugen eines riesigen Ungetüms die Dunkelheit. Ein blutiger Schein ging vor ihnen her, der die Regentropfen in seinem Bereich in Blutstropfen verwandelte. Es war, als fiele ein Blutregen vom Himmel.

Thiel fühlte ein Grauen und, je näher der Zug kam, eine umso größere Angst; Traum und Wirklichkeit verschmolzen ihm in eins. Noch immer sah er das wandernde Weib auf den Schienen, und seine Hand irrte nach der Patronentasche, als habe er die Absicht, den rasenden Zug zum Stehen zu bringen. Zum Glück war es zu spät, denn schon flirrte es vor Thiels Augen von Lichtern, und der Zug raste vorüber.

Den übrigen Teil der Nacht fand Thiel wenig Ruhe mehr in seinem Dienst.« (Reclam XL, S. 23, 25)

3.

»Der schlesische Schnellzug war gemeldet und Thiel musste auf seinen Posten. Kaum stand er dienstfertig an der Barriere, so hörte er ihn auch schon heranbrausen. Der Zug wurde sichtbar – er kam näher – in unzählbaren, sich überhastenden Stößen fauchte der Dampf aus dem schwarzen Maschinenschlote. Da: ein – zwei – drei milchweiße Dampfstrahlen quollen kerzengrade empor, und gleich darauf brachte die Luft den Pfiff der Maschine getragen. Dreimal hintereinander, kurz, grell, beängstigend. Sie bremsen, dachte Thiel, warum nur? Und wieder gellten die Notpfiffe schreiend, den Widerhall weckend, diesmal in langer, ununterbrochener Reihe.

Thiel trat vor, um die Strecke überschauen zu können. Mechanisch zog er die rote Fahne aus dem Futteral und hielt sie gerade vor sich hin über die Geleise. – Jesus Christus! war er blind gewesen? Jesus Christus – o Jesus, Jesus, Jesus Christus! was war das? Dort! – dort zwischen den Schienen … ›Ha-alt!‹, schrie der Wärter aus Leibeskräften. Zu spät. Eine dunkle Masse war unter den Zug geraten und wurde zwischen den Rädern wie ein Gummiball hin und her geworfen. Noch einige Augenblicke, und man hörte das Knarren und Quietschen der Bremsen. Der Zug stand.

Die einsame Strecke belebte sich. Zugführer und Schaffner rannten über den Kies nach dem Ende des Zuges. Aus jedem Fenster blickten neugierige Gesichter und jetzt – die Menge knäulte sich und kam nach vorn.« (Reclam XL, S. 31 f.)

4.

»Dunkler Qualm wälzte sich fernher über die Strecke, und der Wind drückte ihn zu Boden. Hinter sich vernahm er das Keuchen einer Maschine, welches wie das stoßweise gequälte Atmen eines kranken Riesen klang.

Ein kaltes Zwielicht lag über der Gegend.

Nach einer Weile, als die Rauchwolken auseinandergingen, erkannte Thiel den Kieszug, der mit geleerten Loren zurückging und die Arbeiter mit sich führte, welche tagsüber auf der Strecke gearbeitet hatten.

Der Zug hatte eine reichbemessene Fahrzeit und durfte überall anhalten, um die hie und da noch beschäftigten Arbeiter aufzunehmen, andere hingegen abzusetzen. Ein gutes Stück vor Thiels Bude begann man zu bremsen. Ein lautes Quietschen, Schnarren, Rasseln und Klirren durchdrang weithin die Abendstille, bis der Zug unter einem einzigen, schrillen, langgedehnten Ton stillstand.

Etwa fünfzig Arbeiter und Arbeiterinnen waren in den Loren verteilt. […] Der Zugführer stieg auf die Strecke herunter und trat auf Thiel zu. Die Arbeiter sahen, wie er ihm feierlich die Hand schüttelte, worauf Thiel mit langsamem, fast militärisch-steifem Schritt auf den letzten Wagen zuschritt.

Keiner der Arbeiter wagte ihn anzureden, obgleich sie ihn alle kannten.

Aus dem letzten Wagen hob man soeben das kleine Tobiaschen.

Es war tot. […]

Eine Weile herrschte unheimliche Stille. Eine tiefe, entsetzliche Versonnenheit hatte sich Thiels bemächtigt. Es wurde dunkler. Ein Rudel Rehe setzte seitab auf den Bahndamm. Der Bock blieb stehen mitten zwischen den Geleisen. Er wandte seinen gelenken Hals neugierig herum, da pfiff die Maschine, und blitzartig verschwand er samt seiner Herde.

In dem Augenblick, als der Zug sich in Bewegung setzen wollte, brach Thiel zusammen.« (Reclam XL, S. 39 f.)

Arbeitsaufträge:

1. Markieren Sie alle optischen und akustischen Begriffe, die die Eisenbahn kennzeichnen, je in einer eigenen Farbe.
2. Beschreiben Sie kurz, in welcher emotionalen Verfassung Thiel sich jeweils befindet. Sie können dazu auch den weiteren Kontext heranziehen.
3. Charakterisieren Sie die Atmosphäre, die in den Textstellen erzeugt wird. Lesen Sie sich dazu die Textausschnitte gegenseitig laut vor und versuchen Sie, über Ihre Stimmführung, diese Atmosphäre bereits auszustrahlen. Sie können die Stimmung auch bildlich wiedergeben, z. B. in einer farbigen Gestaltung (etwa einem Aquarell) oder in einer Tuschezeichnung.

Das Motiv »Eisenbahn« in Texten des frühen 20. Jahrhunderts

1. Peter Rosegger (1900):

»Auf der eisernen Straße heran kam ein kohlschwarzes Wesen. Es schien anfangs stillzustehen, wurde aber immer größer und nahte mit mächtigem Schnauben und Pfustern und stieß aus dem Rachen gewaltigen Dampf aus. Und hinterher –

›Kreuz Gottes!‹, rief der Jochem, ›da hängen ja ganze Häuser dran!‹ Und wahrhaftig, wenn wir sonst gedacht hatten, an das Lokomotive wären ein paar Steirerwäglein gespannt, auf denen die Reisenden sitzen konnten, so sahen wir nun einen ganzen Marktflecken mit vielen Fenstern heranrollen, und zu den Fenstern schauten lebendige Menschenköpfe heraus, und schrecklich schnell ging's, und ein solches Brausen war, das einem der Verstand still stand. Das bringt kein Herrgott mehr zum Stehen! fiel's mir noch ein. Da hub der Jochem die beiden Hände empor und rief mit verzweifelter Stimme: ›Jessas, Jessas, jetzt fahren sie richtig ins Loch!‹

Und schon war das Ungeheuer mit seinen hundert Rädern in der Tiefe; die Rückseite des letzten Wagens schrumpfte zusammen, nur ein Lichtlein davon sah man noch eine Weile, dann war alles verschwunden, bloß der Boden dröhnte, und aus dem Loche stieg still und träge der Rauch.

Mein Oheim wischte sich mit dem Ärmel den Schweiß vom Angesicht und starrte in den Tunnel.

Dann sah er mich an und fragte: ›Hast du's auch gesehen, Bub?‹

›Ich hab's auch gesehen.‹

›Nachher kann's keine Blenderei gewesen sein‹, murmelte der Jochem.«

Peter Rosegger: Waldheimat. Erzählungen aus der Jugendzeit. Bd. 2: Der Guckinsleben. Leipzig: Staackmann, 1914. (Gesammelte Werke. Bd. 13.) S. 210–213.

2. Thomas Mann (1920):

»Er sah hinaus: der Zug wand sich gebogen auf schmalem Paß; man sah die vorderen Wagen, sah die Maschine, die in ihrer Mühe braune, grüne und schwarze Rauchmassen ausstieß, die verflatterten. Wasser rauschten in der Tiefe zur Rechten; links strebten dunkle Fichten zwischen Felsblocken gegen einen steingrauen Himmel empor. Stockfinstere Tunnel kamen, und wenn es wieder Tag wurde, taten weitläufige Abgründe mit Ortschaften in der Tiefe sich auf. Sie schlossen sich, neue Engpässe folgten, mit Schneeresten in ihren Schrunden und Spalten. Es gab Aufenthalte an armseligen Bahnhofshäuschen, Kopfstationen, die der Zug in entgegengesetzter Richtung verließ, was verwirrend wirkte, da man nicht mehr wußte, wie man fuhr, und sich der Himmelsgegenden nicht länger entsann. Großartige Fernblicke in die heilig-phantasmagorisch sich türmende Gipfelwelt des Hochgebirges, in das man hinan- und hineinstrebte, eröffneten sich und gingen dem ehrfürchtigen Auge durch Pfadbiegungen wieder verloren. Hans Castorp bedachte, daß er die Zone der Laubbäume unter sich gelassen habe, auch die der Singvögel wohl, wenn ihm recht war, und dieser Gedanke des Aufhörens und der Verarmung bewirkte, daß er, angewandelt von einem leichten Schwindel und Übelbefinden, für zwei Sekunden die Augen mit der Hand bedeckte.«

Thomas Mann: Der Zauberberg. Roman. Frankfurt a. M.: S. Fischer, 1981. (Gesammelte Werke in Einzelbänden. Frankfurter Ausgabe. Hrsg. von Peter de Mendelssohn.) S. 11 f.

Arbeitsauftrag:
In einer Talkshow werden von einem Moderator bzw. einer Moderatorin der Bahnwärter Thiel, der Jochem und Hans Castorp zu ihren unterschiedlichen Eindrücken zur Eisenbahn befragt. Spielen sie dieses Gespräch!

Mögliche Fragen wären z. B.:
- In welchem Verhältnis stehen Sie zur Eisenbahn?
- Wird die Eisenbahn von Ihnen eher positiv oder negativ wahrgenommen?
- Welche Aspekte der Wahrnehmung stehen für Sie im Vordergrund?
- Wie ist die Eisenbahn (bzw. Technik) Ihrer Meinung nach mit der Natur verknüpft?

Auch andere, eigene Fragen sind natürlich möglich.

6 Ein Blick aus dem Fenster: die Landschaft betrachten Die Raumgestaltung und die Rolle der Natur im Text wahrnehmen

Sachanalyse

Geographisch angesiedelt ist die Erzählung in Schön-Schornstein, heute einem Ortsteil der Stadt Erkner, am südöstlichen Stadtrand von Berlin. Gerhart Hauptmann kannte die Gegend gut, er lebte von 1885 bis 1889 in Erkner. Die Stadt besitzt seit Mitte des 19. Jahrhunderts einen Bahnhof für die Niederschlesisch-Märkische Eisenbahn (Berlin – Breslau), der auch rege als Ausflugsbahnhof von der Berliner Bevölkerung genutzt wurde. Volker Neuhaus verortet Thiels Wärterhäuschen östlich von Erkner, im Waldgebiet hin zur Haltestation Fangschleuse.[1] Diese wirklichkeitsgetreue Topographie entspricht dem naturalistischen Anspruch des Werks. »Allerdings liegt weniger eine konsequente Wirklichkeitsreferenz in Hauptmanns Erzählinteresse, [dem es entspricht,] dass auch die Räume […] Psychisches verdeutlichen und symbolische Bedeutung gewinnen können.«[2] Zentrale Orte sind für Thiel das Gegensatzpaar Haus/Dorf und das Bahnwärterhäuschen, das den Dualismus »Lene« vs. »Minna« spiegelt. Die Trennung der beiden Orte sorgt, solange sie anhält, für Thiels psychische Stabilität: »Dadurch, dass er die ihm zu Gebote stehende Zeit somit gewissenhaft zwischen die Lebende [in der Freizeit, im Häuschen im Dorf] und die Tote [in der Arbeitszeit, im Wärterhäuschen] zu teilen vermochte, beruhigte Thiel sein Gewissen in der Tat.« (S. 7) Privat- und Berufsraum symbolisieren damit zwei Seiten von Thiels Wesen, einen spirituellen und einen sexuellen Bestandteil, die für ihn unvereinbar sind.[3]

Die Natur, insbesondere der Wald, der die beiden Orte gleichsam trennt und verbindet, wird jedoch unterschiedlich semantisiert und verbildlicht jeweils die Gemütsverfassung des wortkargen Thiel. Sie wird von zwei Komponenten bestimmt, der unberührten Natur und der, diese durchschneidenden, Technik. Michael Sommer bringt in *Bahnwärter Thiel to go* die Rolle der Natur so auf den Punkt: »Die Natur […] fungiert sehr oft als sakraler Ort, gleichzeitig ist sie aber auch so eine Art Industriehölle.«[4]

Sakral ist die Einsamkeit des Wärterhäuschens, »in seiner Abgelegenheit dazu angetan, seine [Thiels] mystischen Neigungen zu fördern« (S. 8). Ebenso der tiefrauschende Kiefernforst, der mit seinen »Säulenarkaden der Kiefernstämme« (S. 19) majestätisch und gewaltig wirkt. Als »symbolisches Pendant der spirituellen Beziehung Thiels zu Minna«[5] verstärken die Naturelemente die Andacht an die verstorbene Ehefrau zur überirdischen »Ekstase« (S. 8): »Im Dunkel jedoch, wenn der Schneesturm durch die Kiefern und über die Strecke raste, in tiefer Mitternacht beim Scheine seiner Laterne, da wurde das Wärterhäuschen zur Kapelle« (ebd.).

Die Technik (zer)stört zum Teil die Harmonie der Natur, sie schneidet als Bahngleis »rechts und links gradlinig in den unabsehbaren grünen Forst hinein«, bricht als vorbeirasender Zug das »alte heil'ge Schweigen« (S. 20) im »Waldwinkel« (ebd.). Gleichzeitig geht sie aber auch eine unheilige Allianz mit ihr ein: »Die Sonne […] goss Ströme von Purpur über den Forst. Die Säulenarkaden der Kiefernstämme jenseits des Dammes entzündeten sich gleichsam von innen heraus und glühten wie Eisen. Auch die Geleise begannen zu glühen, feurigen Schlangen gleich« (S. 19).

Die Beschreibung des heranfahrenden Zuges, eingebettet in die Naturschilderung des Waldes bei Sonnenuntergang, steigert sich in einen übermächtigen, eindrucksvoll lauten und raumgreifenden Eindruck des »schwarze[n], schnaubende[n] Ungetüm[s]« (S. 20), der gebrochen wird durch den Blick auf Thiel: »›Minna‹, flüsterte der Wärter, wie aus einem Traum erwacht« (ebd.). Sprengel spricht hier vom »Protokoll einer Erregungs-, ja Orgasmuskurve«[6], in der die Außenwelt direkt in Thiels Innenwelt führt – eine »Konzentration auf die psycho(patho)logische Entwicklung des Helden«[7]. Im unmittelbaren Anschluss fällt die Grenze zwischen den Räumen: Lene dringt zum Wärterhäuschen vor. Damit ist Thiels Verfall nicht mehr aufzuhalten.

1 Vgl. Volker Neuhaus, *Erläuterungen und Dokumente. Gerhart Hauptmann: »Bahnwärter Thiel«*, Stuttgart 1974 [u. ö.], S. 4.
2 Lothar Wiese, *Gerhart Hauptmann. Bahnwärter Thiel*, München/Düsseldorf/Stuttgart 2007, S. 33f.
3 Vgl. ebd., S. 34f.
4 Vgl. www.youtube.com/watch?v=xf_lX9i ou9M, min. 1:02–1:10.
5 Peter Sprengel, *Gerhart Hauptmann. Epoche – Werk – Wirkung*, München 1984, S. 193.
6 Ebd.
7 Ebd.

Unterrichtsverlauf

Überblick. Die Schülerinnen und Schüler nehmen gezielt Textausschnitte mit Naturdarstellungen in den Blick und verorten sie innerhalb des geographischen Raumes, der im Text beschrieben wird. Sie nehmen wahr, welches Stimmungsbild jeweils vermittelt wird und gewinnen so Einblick in die Raumgestaltung im *Bahnwärter Thiel*.

Phase	Thema	Sozialform	Kompetenzen/Lernziele	Materialien
6.1	Einstieg: Die Natur – sakraler Ort oder Industriehölle?	UG	• Sich bewusstwerden, dass Naturdarstellung und Raumgestaltung eine zentrale Rolle im Text spielen	Internetzugang
6.2	Erarbeitung: Textauszüge den signifikanten Orten zuordnen	GA	• Naturschilderungen auf einer Raumskizze verorten	ARBEITSBLATT 6a ➤ S. 42 f. ARBEITSBLATT 6b ➤ S. 44 f.
6.3	Vertiefung: Ein Stimmungsbild für die zentralen Orte festhalten und ihre Wirkung diskutieren	GA	• Die Bedeutung der Naturbeschreibungen definieren	ARBEITSBLATT 6b ➤ S. 44 f.
6.4	Sicherung: Ergebnisse austauschen und sich auf eine gemeinsame Lösung einigen	UG	• Zuordnung der Textstellen erörtern und die Stellung der Natur im Text kompakt zusammenfassen	ARBEITSBLATT 6b ➤ S. 44 f.

6.1 Einstieg: Die Natur – sakraler Ort oder Industriehölle?

UG
Internetzugang

Unterrichtsschritt. Die Lernenden sehen sich, anknüpfend an die erste Unterrichtsstunde, den Ausschnitt von Michael Sommers Youtube-Clip *Bahnwärter Thiel to go*, min. 1:02–1:10 an, in dem er über die Natur sagt: »[Sie] fungiert sehr oft als sakraler Ort, gleichzeitig ist sie aber auch so eine Art Industriehölle« (www.youtube.com/watch?v=xf_lX9i0u9M). Sie kommen über diese Aussage auf der Basis des bereits gelesenen Textes ins Gespräch.

Erläuterungen. Es ist zu erwarten, dass zum Begriff des »sakralen Ortes« auf das Bahnwärterhäuschen und Thiels Andachten an Minna verwiesen wird. Die »Industriehölle« kann anknüpfend an die Textausschnitte zur Rolle der Technik (Stunde 5) aufgegriffen werden. Das Unterrichtsgespräch sollte nicht zu sehr gelenkt werden, sondern Raum für freie Assoziationen lassen.

6.2 Erarbeitung: Textauszüge den signifikanten Orten zuordnen

GA

ARBEITSBLATT 6a
➤ S. 42 f.
ARBEITSBLATT 6b
➤ S. 44 f.
Lösungshinweise
➤ S. 92 f.

Unterrichtsschritt. Die Schülerinnen und Schüler bilden Kleingruppen und lesen zentrale Textausschnitte zum Thema (ARBEITSBLATT 6a ***»Bahnwärter Thiel«: Die Raumgestaltung – Textausschnitte***). Sie schneiden diese aus und platzieren sie auf der Raumskizze (ARBEITSBLATT 6b ***»Bahnwärter Thiel«: Die Raumgestaltung – Raumskizze***; Kopie möglichst in DIN-A3-Format, alternativ wäre auch eine Bearbeitung auf dem Tablet möglich). In der räumlichen Zusammenschau richten sie ihren Blick auf die Wirkung der Naturbeschreibungen in den Texten.

Erläuterungen. Auf ARBEITSBLATT 6a sind zentrale Textstellen zusammengestellt, bei denen die Natur im Mittelpunkt steht. Sie lassen sich auf der Raumskizze klar den Örtlichkeiten Haus/Dorf, Weg durch den Wald, Bahnwärterhäuschen und Eisenbahn(schienen) zuordnen (ARBEITSBLATT 6b). Im Gespräch in der Kleingruppe überlegen die Schülerinnen und Schüler, wo die Textstellen anzusiedeln sind, und lesen diese gegebenenfalls nochmals im größeren Kontext im Gesamttext nach.

6.3 Vertiefung: Ein Stimmungsbild für die zentralen Orte festhalten und ihre Wirkung diskutieren

Unterrichtsschritt mit Erläuterungen. Die Schülerinnen und Schüler nehmen die Naturbeschreibungen raumspezifisch wahr und halten ihre Wirkung fest. In der Gruppe lesen die Mitglieder die Textausschnitte noch einmal, nun zusammengestellt nach Orten, nacheinander zu jedem einzelnen Ort vor. Sie tauschen sich jeweils unmittelbar danach darüber aus, wie die Texte auf sie wirken und formulieren zu dieser Wirkung einen griffigen Satz. Die Sätze werden auf der Raumskizze (ARBEITSBLATT 6b) festgehalten.

GA

ARBEITSBLATT 6b

➤ S. 44 f.

6.4 Sicherung: Ergebnisse austauschen und sich auf eine gemeinsame Lösung einigen

Unterrichtsschritt. Die Schülerinnen und Schüler stellen ihre Lösungen auf ARBEITSBLATT 6b vor und tauschen sich über Unterschiede aus. Auf dem Smartboard wird eine gemeinsame, endgültige Lösung visualisiert.

UG

ARBEITSBLATT 6b

➤ S. 44 f.

Bahnwärter Thiel: Die Raumgestaltung – Textausschnitte

Die Sonne, welche soeben unter dem Rande mächtiger Wolken herabhing, um in das schwarzgrüne Wipfelmeer zu versinken, goss Ströme von Purpur über den Forst. Die Säulenarkaden der Kiefernstämme jenseits des Dammes entzündeten sich gleichsam von innen heraus und glühten wie Eisen. Auch die Geleise begannen zu glühen, feurigen Schlangen gleich, aber sie erloschen zuerst; und nun stieg die Glut langsam vom Erdboden in die Höhe, erst die Schäfte der Kiefern, weiter den größten Teil ihrer Kronen in kaltem Verwesungslichte zurücklassend, zuletzt nur noch den äußersten Rand der Wipfel mit einem rötlichen Schimmer streifend. (S. 19)

Zwei rote, runde Lichter durchdrangen wie die Glotzaugen eines riesigen Ungetüms die Dunkelheit. Ein blutiger Schein ging vor ihnen her, der die Regentropfen in seinem Bereich in Blutstropfen verwandelte. Es war, als fiele ein Blutregen vom Himmel. Thiel fühlte ein Grauen und, je näher der Zug kam, eine umso größere Angst; Traum und Wirklichkeit verschmolzen ihm in eins. (S. 25)

Es war ihm plötzlich eingefallen, dass ja nun Lene des öftern herauskommen würde, um den Acker zu bestellen, wodurch dann die hergebrachte Lebensweise in bedenkliche Schwankungen geraten musste. Und jäh verwandelte sich seine Freude über den Besitz des Ackers in Widerwillen. (S. 21)

In diesem Augenblick öffnete Thiel die Tür des Wohnzimmers, weshalb der erschrockenen Frau das Ende des begonnenen Satzes in der Kehle stecken blieb. Sie war kreidebleich vor Zorn; ihre Lippen zuckten bösartig […]. Sekundenlang spielte sein Blick über den starken Gliedmaßen seines Weibes, das, mit abgewandtem Gesicht herumhantierend, noch immer nach Fassung suchte. Ihre vollen, halbnackten Brüste blähten sich vor Erregung und drohten das Mieder zu sprengen, und ihre aufgerafften Röcke ließen die breiten Hüften noch breiter erscheinen. Eine Kraft schien von dem Weibe auszugehen, unbezwingbar, unentrinnbar, der Thiel sich nicht gewachsen fühlte. (S. 16 f.)

In kurzer Zeit hatte er die Spree erreicht, setzte mit wenigen kräftigen Ruderschlägen über und stieg gleich darauf, am ganzen Körper schwitzend, die sanft ansteigende Dorfstraße hinauf. […] Auf dem geteerten Plankenzaune eines Kossätenhofes saß eine Nebelkrähe. Sie spreizte die Federn, schüttelte sich, nickte, stieß ein ohrenzerreißendes Krä-krä aus und erhob sich mit pfeifendem Flügelschlag, um sich vom Winde in der Richtung des Forstes davontreiben zu lassen. […] Der Ton einer kreischenden Stimme unterbrach die Stille so laut und schrill, dass der Wärter unwillkürlich mit Laufen innehielt. Ein Schwall heftig herausgestoßner, misstönender Laute schlug an sein Ohr, die aus dem offnen Giebelfenster eines niedrigen Häuschens zu kommen schienen, welches er nur zu wohl kannte. (S. 14 f.)

Nicht wie sonst mehr war ihm sein einsamer Posten inmitten des märkischen Kiefernforstes sein liebster Aufenthalt. Die stillen, hingebenden Gedanken an sein verstorbenes Weib wurden von denen an die Lebende durchkreuzt. Nicht widerwillig, wie die erste Zeit, trat er den Heimweg an, sondern mit leidenschaftlicher Hast, nachdem er vorher oft Stunden und Minuten bis zur Zeit der Ablösung gezählt hatte. (S. 6)

Er fand seinen Weg, ohne aufzublicken, hier durch die rostbraunen Säulen des Hochwaldes, dort weiterhin durch dichtverschlungenes Jungholz, noch weiter über ausgedehnte Schonungen, die von einzelnen hohen und schlanken Kiefern überschattet wurden, welche man zum Schutze für den Nachwuchs aufbehalten hatte. Ein bläulicher, durchsichtiger, mit allerhand Düften geschwängerter Dunst stieg aus der Erde auf und ließ die Formen der Bäume verwaschen erscheinen. Ein schwerer, milchiger Himmel hing tief herab über die Baumwipfel. Krähenschwärme badeten gleichsam im Grau der Luft, unaufhörlich ihre knarrenden Rufe ausstoßend. Schwarze Wasserlachen füllten die Vertiefungen des Weges und spiegelten die trübe Natur noch trüber wider. Ein furchtbares Wetter, dachte Thiel, als er aus tiefem Nachdenken erwachte und aufschaute. (S. 13 f.)

Es lagen kaum fünf Minuten zwischen jetzt und der Ankunft des Schnellzuges. Da er glaubte, das Signal überhört zu haben, begab er sich, so schnell als Sturm und Dunkelheit erlaubten, nach der Barriere. Als er noch damit beschäftigt war, diese zu schließen, erklang die Signalglocke. Der Wind zerriss ihre Töne und warf sie nach allen Richtungen auseinander. Die Kiefern bogen sich und rieben unheimlich knarrend und quietschend ihre Zweige aneinander. Einen Augenblick wurde der Mond sichtbar, wie er gleich einer blassgoldnen Schale zwischen den Wolken lag. In seinem Lichte sah man das Wühlen des Windes in den schwarzen Kronen der Kiefern. Die Blattgehänge der Birken am Bahndamm wehten und flatterten wie gespenstige Rossschweife. Darunter lagen die Linien der Geleise, welche, vor Nässe glänzend, das blasse Mondlicht in einzelnen Flecken aufsaugten. Thiel riss die Mütze vom Kopfe. Der Regen tat ihm wohl und lief vermischt mit Tränen über sein Gesicht. Es gärte in seinem Hirn; unklare Erinnerungen an das, was er im Traum gesehen, verjagten einander. (S. 23 f.)

Im Dunkel jedoch, wenn der Schneesturm durch die Kiefern und über die Strecke raste, in tiefer Mitternacht beim Scheine seiner Laterne, da wurde das Wärterhäuschen zur Kapelle. Eine verblichene Photographie der Verstorbenen vor sich auf dem Tisch, Gesangbuch und Bibel aufgeschlagen, las und sang er abwechselnd die lange Nacht hindurch, nur von den in Zwischenräumen vorbeitobenden Bahnzügen unterbrochen, und geriet hierbei in eine Ekstase, die sich zu Gesichten steigerte, in denen er die Tote leibhaftig vor sich sah. (S. 7)

Tobias verlangte nach den Blumen, die seitab im Birkenwäldchen standen, und Thiel, wie immer, gab ihm nach. Stücke blauen Himmels schienen auf den Boden des Haines herabgesunken, so wunderbar dicht standen kleine blaue Blüten darauf. Farbigen Wimpeln gleich flatterten und gaukelten die Schmetterlinge lautlos zwischen dem leuchtenden Weiß der Stämme, indes durch die zartgrünen Blätterwolken der Birkenkronen ein sanftes Rieseln ging. (S. 30)

Oft blieb er, Tobiaschen an der Hand, stehen, um den wunderbaren Lauten zu lauschen, die aus dem Holze wie sonore Choräle aus dem Innern einer Kirche hervorströmten. Die Stange am Südende des Reviers hatte einen besonders vollen und schönen Akkord. Es war ein Gewühl von Tönen in ihrem Innern, die ohne Unterbrechung gleichsam in einem Atem fortklangen, und Tobias lief rings um das verwitterte Holz, um, wie er glaubte, durch eine Öffnung die Urheber des lieblichen Getöns zu entdecken. Der Wärter wurde weihevoll gestimmt, ähnlich wie in der Kirche. (S. 29)

Lene

Minna

Arbeitsaufträge:

- Schneiden Sie die Bilder von Lene und Minna und die Textausschnitte aus und platzieren Sie sie auf der Raumskizze (ARBEITSBLATT 6b).
- Fassen Sie kurz zusammen, welches Stimmungsbild sich für die einzelnen Orte ergibt.
- »Die Natur charakterisiert Thiels Innenleben.« Diskutieren Sie diese These.

Bahnwärter Thiel: Die Raumgestaltung – Raumskizze

Schön-Schornstein

Bahnwärterhäuschen

7 Besuch am Lokführerstand: den Autor kennenlernen Den biografischen Hintergrund Gerhart Hauptmanns erfahren

Sachanalyse

Gerhart Hauptmann wird am 15. November 1862 als viertes Kind der Wirtsleute Robert und Marie Hauptmann im schlesischen Obersalzbrunn, heute Szczawno-Zdrój (Polen), geboren. Während seiner Kinder- und Jugendzeit macht er immer wieder die Erfahrung des Scheiterns: Die Schule, die er als »Kerker«[1] empfindet, verlässt er, mehrmals sitzengeblieben, im Jahr 1878 ohne Abschluss. Die Landwirtschaftslehre, die er bei seinem Onkel beginnt, bricht er wegen eines Lungenleidens ab. 1880 wird er an der Königlichen Kunst- und Gewerbeschule in Breslau zugelassen und besucht dort die Bildhauerklasse, führt die Ausbildung aber nicht zu Ende und wechselt 1881 für ein Studium nach Jena. Seine Verlobte Marie Thienemann finanziert ihm eine Europareise, während der der Entschluss wächst, Bildhauer in Rom zu werden. 1884 wechselt er schließlich an die Zeichenklasse der Königlichen Akademie in Dresden und nimmt in Berlin Schauspielunterricht. 1885 heiratet Gerhart Hauptmann Marie Thienemann. Das junge Paar lebt zunächst in Berlin, zieht aber bald in den Berliner Vorort Erkner, da Hauptmann an den Folgen einer Typhuserkrankung leidet: »So war ich instinktgemäß zur Natur zurückgekehrt. [...] Dafür rang ich mit dem Gespenst des Bluthustens. Es verfolgte mich überall. Stundenlange einsame Wege führten mich in Begleitung meiner Hunde durch den Kiefernforst [...].«[2] Bei diesen Wanderungen lässt sich Hauptmann von der Natur inspirieren und kommt mit der einfachen Bevölkerung des Landstrichs ins Gespräch: »In Erkner nahm ich mein altes Leben mit Wanderungen und Beobachtungen aller Art wieder auf. Ich machte mich mit den kleinen Leuten bekannt, Förstern, Fischern, Kätnerfamilien und Bahnwärtern [...].«[3] Die Örtlichkeiten des *Bahnwärter Thiel*, die Orte Neu-Zittau und Schön-Schornstein, ebenso wie die Bahnstrecke Berlin – Breslau und die Kiefernwälder in der Gegend, werden »nachprüfbar wirklichkeitstreu geschildert, vermutlich ebenso wie die später nicht mehr auffindbare Wärterbude.«[4] In der ersten Fassung seiner Autobiografie und in einem Brief von 1937 spricht Hauptmann ebenfalls davon, dass es tatsächlich auch einen Unglücksfall gegeben habe, ein Kind eines Bahnwärters sei vom Zug überfahren worden. Dieser Vorfall ließ sich aber von der Hauptmann-Forschung nicht belegen.[5] In dieser Zeit in Erkner werden die beiden Söhne Ivo und Eckart geboren und Hauptmann schreibt an der Novelle. Neben der geographischen Umwelt wird Hauptmann auch durch seine Kontakte zu Berliner Künstlerkreisen inspiriert, insbesondere zu dem 1886 gegründeten Dichterverein »Durch!«, dem zahlreiche bekannte Naturalisten, wie Arno Holz, Bruno Wille oder Wilhelm Bölsche, angehören. Er liest auch die naturalistische Programmzeitschrift *Die Gesellschaft*, herausgegeben von Michael Georg Conrad, in der der *Bahnwärter Thiel* 1888 erstmals veröffentlicht wird. Diese Veröffentlichung stellt Hauptmanns Eintrittskarte in den literarischen Kosmos seiner Zeit dar: »Damit war ich als Schriftsteller in die Welt getreten«[6] kommentiert er das Ereignis in seiner Autobiografie.

Im folgenden Jahr, 1889, wird dann sein Drama *Vor Sonnenaufgang* im Berliner Lessing-Theater uraufgeführt, das mit einer freizügigen Darstellung z. B. von Alkoholismus einen Skandal auslöste und Gerhart Hauptmann zu beträchtlicher Aufmerksamkeit und zum literarischen Durchbruch verhalf. In den Folgejahren festigt Hauptmann seinen literarischen Ruhm mit mehreren Theaterstücken (wobei nicht jedes seiner Werke erfolgreich war), aber auch einem umfangreichen Prosawerk und erhält 1912 den Nobelpreis für Literatur. Er lässt sich beim Hurrapatriotismus um den Ersten Weltkrieg mitreißen, seine Kriegseuphorie wandelt sich jedoch bald. In der Weimarer Republik als Nationaldichter verehrt, wird er von den Nationalsozialisten instrumentalisiert. Gerhart Hauptmann stirbt am 6. Juni 1946 im Alter von 84 Jahren in Agnetendorf (Jagniątków), das sich nach dem Zweiten Weltkrieg bereits in polnischer Verwaltung befand, und wird auf der Insel Hiddensee beigesetzt.

1 Gerhart Hauptmann, *Das Abenteuer meiner Jugend. Beide Bände der Autobiographie in einem Buch*, hrsg. von Karl-Maria Guth, Berlin 2019, S. 27.
2 Ebd., S. 576.
3 Ebd., S. 592.
4 Lothar Wiese, *Gerhart Hauptmann. Bahnwärter Thiel*, München/Düsseldorf/Stuttgart 2007, S. 10.
5 Vgl. ebd., S. 10 f.
6 Hauptmann (Anm. 1), S. 593.

Unterrichtsverlauf

Überblick. Die Schülerinnen und Schüler gestalten ein Fernsehquiz zur Person Gerhart Hauptmanns. Dazu eignen sie sich seinen Lebenslauf im Personenspiel an und bewerten vor diesem Hintergrund Details zu seinem Leben.

Phase	Thema	Sozialform	Kompetenzen/Lernziele	Materialien
7.1	Einstieg: Interesse am Autor des Stücks gewinnen	UG	• Sich anhand eines Autorenbildes Gedanken über Gerhart Hauptmann machen	ARBEITSBLATT 7a ➤ S. 49 f.
7.2	Erarbeitung: Einen tabellarischen Lebenslauf in eine persönliche Erzählung umwandeln	EA / PA	• Biografische Eckdaten zu Hauptmann kennenlernen	ARBEITSBLATT 7a ➤ S. 49 f. Internetzugang
7.3	Sicherung: Die persönlichen Erzählungen vergleichend würdigen	UG	• Sich zentrale Aspekte von Hauptmanns Leben im Perspektivwechsel aneignen	
7.4	Vertiefung: Im Quiz Anekdoten der Person Gerhart Hauptmann zuordnen	UG	• Detailwissen zur Person Gerhart Hauptmanns erwerben	ARBEITSBLATT 7a ➤ S. 49 f. ARBEITSBLATT 7b ➤ S. 51

7.1 Einstieg: Interesse am Autor des Stücks gewinnen

Unterrichtsschritt. Die Lernenden betrachten das Bild auf ARBEITSBLATT 7a *Echt jetzt? – das Promiquiz* entweder direkt oder präsentiert über Tafel/Smartboard. Sie kommen über Gerhart Hauptmann ins Gespräch und äußern gegebenenfalls Vorwissen.

UG

ARBEITSBLATT 7a ➤ S. 49 f.

7.2 Erarbeitung: Einen tabellarischen Lebenslauf in eine persönliche Erzählung umwandeln

Unterrichtsschritt. Für ein fiktives Fernsehquiz soll Gerhart Hauptmann in einer kurzen Einspielung sich selbst vorstellen. Die Schülerinnen und Schüler informieren sich auf ARBEITSBLATT 7a (Nr. 1) über den Autor und spielen Gerhart Hauptmann, der aus seinem Leben erzählt.

Alternative. Diese Aufgabe könnte auch als vorbereitende Hausaufgabe gegeben werden.

EA / PA

ARBEITSBLATT 7a ➤ S. 49 f. Internetzugang

Erläuterungen. Auf ARBEITSBLATT 7a findet sich ein tabellarischer Lebenslauf. Man sollte im Arbeitsauftrag darauf hinweisen, dass dieser nicht einfach nacherzählt werden soll, sondern dass »Gerhart Hauptmann« lebendig aus seinem Leben erzählen soll. Die Lernenden können sich dafür ein Lebensalter aussuchen, so dass nicht der ganze Lebenslauf abgebildet werden muss. Möchte man die Aufgabe ausweiten, kann man die Möglichkeit eröffnen, im Internet weitere Details über den Autor zu erforschen.

Die Schülerinnen und Schüler legen sich erst persönlich zurecht, was sie sagen möchten und machen sich Stichworte dazu. Dann spielen sie sich den Fernsehclip in Partnerarbeit gegenseitig vor. Sofern vorhanden und möglich, kann der eine Partner den anderen mit dem Handy oder Tablet aufnehmen.

7.3 Sicherung: Die persönlichen Erzählungen vergleichend würdigen

UG

Unterrichtsschritt mit Erläuterungen. Die Schülerinnen und Schüler sehen sich ausgewählte Darstellungen an und besprechen, welche besonders gut gelungen sind. Zwei bis vier »Fernsehclips« werden gemeinsam in der Klasse betrachtet, entweder als Theateraufführung live oder als Handy-/Tablet-Aufzeichnung am Smartboard. Die Darbietungen werden wertschätzend besprochen.

Leitfragen:
- Ist die Darbietung informativ? Wie viel Wichtiges erfährt man über Gerhart Hauptmanns Leben?
- Wirkt sie authentisch? Kann man sich Hauptmann wirklich so vorstellen?
- Sind Details, die eventuell hinzuerfunden wurden, glaubwürdig?
- Entspricht die Aufführung üblichen Fernseheinspielungen, bei denen Personen vorgestellt werden?
- Sind verbale und nonverbale Details gelungen, wie Verständlichkeit in Aussprache und Satzbau, direkte Ansprache des Publikums, Mimik und Gestik usw.?

7.4 Vertiefung: Im Quiz Anekdoten der Person Gerhart Hauptmann zuordnen

UG

ARBEITSBLATT 7a
➤ S. 49 f.
ARBEITSBLATT 7b
➤ S. 51

Unterrichtsschritt. Ein Mitglied der Lerngruppe übernimmt nun das fiktive Quiz als Moderator. Er/sie stellt unter dem Motto »Echt jetzt?« anhand von ARBEITSBLATT 7b ***Echt jetzt? – War es wirklich so?*** Anekdoten vor. Die Schülerinnen und Schüler müssen individuell entscheiden, ob die Anekdote wahr oder falsch ist, und tragen ihre Lösung auf ARBEITSBLATT 7a (Nr. 2) ein. Dann wird die Quizfrage vom Moderator jeweils aufgelöst. Am Schluss wird ausgewertet, wer die meisten richtigen Antworten hat.

Erläuterungen. Möchte man diesen Teil vertiefen, könnte man auch eine Gruppe von Lernenden nach vorne zum Moderator setzen, die vor der Entscheidung der Klasse die Anekdote humoristisch bewerten (und dabei evtl. auf die bereits bekannten Fakten der Hauptmann-Biografie Bezug nehmen), wie in der Fernsehshow »Genial oder Daneben?«.

ARBEITSBLATT 7a (Seite 1 von 2)

Echt jetzt? – das Promiquiz

Heute zu Gast im Studio: Gerhart Hauptmann

Foto: Hugo Erfurth, 1929

1. Vorstellung der Person

Lebenslauf von Gerhart Hauptmann

Jahr	Ereignis
1862	15. November: geboren im schlesischen Obersalzbrunn als Sohn von Marie und Robert Hauptmann
1878	Abgang von der Realschule und Beginn einer landwirtschaftlichen Lehre auf dem Gutshof des Onkels Gustav Schubert
1880	Eintritt in die Bildhauerklasse der Königlichen Kunst- und Gewerbeschule in Breslau (Oktober)
1882/83	Beginn eines Studiums der Philosophie und der Literaturwissenschaften an der Universität Jena
1883	Tätigkeit als Bildhauer in Rom
1884	Zeichenstudium an der Königlichen Akademie Dresden (ohne Abschluss), Geschichtsstudium in Berlin (ohne Abschluss)
1885	Gerhart Hauptmann heiratet am 5. Mai Marie Thienemann, Umzug nach Erkner bei Berlin
1887	Novelle *Bahnwärter Thiel* erscheint
1889	Uraufführung von *Vor Sonnenaufgang* an der Freien Bühne in Berlin (Oktober). Theaterskandal
1892	Hauptmann stellt *Die Weber* fertig. Das Stück erregte viel Aufsehen und wurde unter anderem von Kaiser Wilhelm II. scharf kritisiert
1894	Trennung von Ehefrau Marie
1896	Hauptmann erhält in Wien erstmals den Grillparzer-Preis. Veto von Kaiser Wilhelm II. gegen die Verleihung des Schiller-Preises
1904	Scheidung von Ehefrau Marie, Heirat mit Margarete Marschalk
1911	Uraufführung von *Die Ratten* am Berliner Lessingtheater
1912	Hauptmann erhält den Nobelpreis für Literatur
1922	Gerhart-Hauptmann-Festspiele in Breslau
1932	Vortragsreise durch die USA, Ehrendoktorwürde der Columbia University
1937	Erstveröffentlichung der Autobiografie *Das Abenteuer meiner Jugend*
1940–1944	Entstehung der *Atriden*-Tetralogie
1946	6. Juni: Tod nach Bronchitis-Erkrankung in Jagniątków (Agnetendorf). Beisetzung auf dem Inselfriedhof in Kloster auf Hiddensee

2. Das Promiquiz

Frage	1	2	3	4	5	6	7	8	9	10	11	12	13	14	15
wahr															
falsch															

Arbeitsaufträge:

1. Gerhart Hauptmann stellt sich in der Show selbst vor. Spielen Sie diese Vorstellung. Überlegen Sie dazu:
   - Welches Alter soll er zum Zeitpunkt des Interviews haben?
   - Sicher wird er nicht seinen ganzen Lebenslauf erzählen wollen – was ist ihm so wichtig, dass er darüber spricht?

   Weitere Details zu Gerhart Hauptmanns Leben finden Sie im Internet.
2. Spielen Sie das Promiquiz.

ARBEITSBLATT 7b

Echt jetzt? – War es wirklich so?

1. Als Kind spielte ich mit Kindern aus einfachen Verhältnissen und lernte dabei die schlesische Mundart. Meine tiefreligiösen Tanten missbilligten das.
Wahr.
2. Ich musste Harfe lernen und habe den Kindern in der Nachbarschaft oft etwas vorgespielt.
Falsch. Gerhart lernte Geige. Den Nachbarskindern hat er gerne Geschichten erzählt.
3. Weil es bei uns zuhause keine Bücher gab, schlich ich mich immer ins Haus des Pfarrers und habe dort heimlich gelesen. Mein Lieblingsbuch war eine bebilderte Bibel.
Gerhart durfte die väterliche Bibliothek benutzen, was er als Kind häufig tat, wobei er besonders gerne die Lederstrumpf-Geschichten las.
4. Als Schüler habe ich oft meine Schreibfeder, meine Hefte und mein Tintenfass jähzornig in die Ecke geschleudert.
Wahr.
5. Ich habe bei Pastor Gauda, einem Gefängnisgeistlichen, Nachhilfeunterricht genommen, der häufig in dessen Büro stattfand. Dazu musste ich das Gefängnis betreten und lernte dabei das Schicksal der Inhaftierten näher kennen.
Wahr.
6. Ich war so schlecht in der Schule, dass ich sogar für die örtliche Volksschule eine Nachprüfung machen musste, durch die ich beim ersten Versuch durchgefallen bin.
Gerhart schaffte knapp die Eignungsprüfung für die Realschule in Breslau, die er schließlich ab April 1874 besuchte.
7. Damit ich die Realschule in Breslau besuchen konnte, schaffte mein Vater extra ein Fuhrwerk für mich an. Der Kutscher fuhr mich bereits morgens um 5.00 Uhr nach Breslau.
Um die Schule besuchen zu können, mussten Gerhart und sein älterer Bruder Carl ein Zimmer in einer heruntergekommenen Schülerpension mieten.
8. Mein Onkel war ein reicher Gutsherr. Auf seinem Landgut habe ich sehr erfolgreich eine Landwirtschaftslehre absolviert.
Der Onkel Gustav Schubert hatte das Rittergut Lohnig nur gepachtet. Gerhart musste die Landwirtschaftslehre abbrechen, da er sich ein Lungenleiden zuzog.
9. 1880 beschloss ich Literatur zu studieren. In meiner Studienzeit habe ich sehr üppig gelebt und eine Menge Geld verprasst.
Gerhart entschloss sich 1880, Kunst zu studieren und besuchte die Breslauer Kunstschule. Er konnte damals gerade so seinen Lebensunterhalt finanzieren und hungerte mitunter.
10. In der Bildhauerklasse in Breslau haben sie mich vorübergehend vom Unterricht ausgeschlossen, wegen »schlechten Betragens und unzureichenden Fleißes«.
Wahr.
11. Besonders begeistert war ich von den Germanen. Ich habe ein Drama »Germanen und Römer« verfasst, aber da ich nicht gerne selbst schreibe, ging ich auf und ab und diktierte den Text.
Wahr.
12. Meine Braut wurde für mich von meinem Vater ausgesucht. Obwohl ich in ein anderes Mädchen verliebt war, habe ich meinem Vater gehorcht und Marie geheiratet.
Während der Vorbereitungen zur Hochzeit lernte Gerhart die Schwester der Braut seines Bruders kennen und lieben. Noch im selben Jahr verlobten sich Marie und Gerhart heimlich.
13. Meine sehr wohlhabende Verlobte hat mir eine Reise durch Europa spendiert und neben den Germanen begann die griechische Antike mich zu begeistern.
Wahr.
14. Nach der Veröffentlichung von Bahnwärter Thiel verkündete ich stolz, dass ich damit als Schriftsteller in die Welt gekommen war.
Wahr.
15. In meinem ersten großen Theaterstück schrien die Schauspieler in der Umgangssprache und zeigten die Folgen des Alkoholismus. Das war ein Skandal! Aber durch dieses Stück wurde ich auch berühmt.
Wahr.

Quellen: Gerhart Hauptmann, *Das Abenteuer meiner Jugend. Beide Bände der Autobiographie in einem Buch*, hrsg. von Karl-Maria Guth, Berlin 2019 / https://freie-referate.de/geschichte/gerhart-hauptmann-biographie-lebenslauf.

8 Vollbremsung: ein Personenschaden ist zu verzeichnen Form und literarische Technik erfassen

Sachanalyse

Gerhart Hauptmann bezeichnet seinen *Bahnwärter Thiel* als »Novellistische Studie«. Dieser Untertitel ist programmatisch: Auf der einen Seite greift er die im 19. Jahrhundert beliebte Gattung der »Novelle« auf, andererseits verweist die Form der »Studie« auf eine neuartige naturalistische Erzähltechnik.

Ein auktorialer Erzähler berichtet im Wesentlichen über Thiel und seine Familie. Gattungstypisch für die Novelle werden innerhalb der Darstellung weite Strecken der zehn Jahre aus Thiels Leben, über die berichtet wird, gerafft: So werden bereits die sieben Jahre seiner ersten Ehe auf der ersten Seite des Kapitels I zusammengefasst (S. 3), weitere Zeitangaben zu Beginn bleiben iterativ, z. B. »allsonntäglich« (S. 3, 5), »wie immer« (S. 4), »gewöhnlich« (S. 5 f.), und vermitteln eine Lebensstruktur eines eintönigen Alltags. Zu Beginn des Kapitels II wird dann aber eine präzise Zeitangabe, der »Junimorgen gegen sieben Uhr« (S. 10) gesetzt und von da an verlangsamt sich das Erzähltempo, so dass in Kapitel II und vor allem III teilweise fast zeitdeckend und minutiös auf das Geschehen geblickt wird. An dieser Stelle löst dann zeitweilig auch die Innenperspektive Thiels die Außensicht des auktorialen Erzählers ab. Hier liegt der Fokus des Erzählinteresses und es überwiegt der Aspekt der Studie, wenn die drei Tage des Hauptgeschehens akribisch protokolliert werden. Das Ende des *Bahnwärter Thiel* wird »in Erzählform und Zeitgestaltung dem Einleitungsteil vergleichbar, knapp und aus erzählerischer Distanz berichtet, sodass man von einer Rahmenstruktur sprechen könnte.«[1] Dieses Beispiel zeigt, wie Gesichtspunkte der »Novelle« und der »Studie« als Gestaltungsmerkmale in enger Wechselbeziehung stehen.

Im Folgenden soll der Schwerpunkt auf der Frage liegen, inwiefern der *Bahnwärter Thiel* zur Gattung der Novelle gezählt werden kann, die Epochenspezifika des Naturalismus stehen in der nächsten Unterrichtsstunde (Kap. 9) im Mittelpunkt.

Grundsätzlich wird in der Novelle, gemäß der Wortherkunft (von lateinisch *novus* / italienisch *novella* ›kleine Neuigkeit‹) etwas Außergewöhnliches erzählt, bekannt ist vor allem Goethes Definition dazu, der die Novelle 1827 in einem Gespräch mit Eckermann als »eine sich ereignete unerhörte Begebenheit« charakterisiert.

Tatsächlich spricht ja Hauptmann in der ersten Fassung seiner Autobiografie und in einem Brief von 1937 davon, dass es wirklich einen Unglücksfall gegeben habe, bei dem ein Kind eines Bahnwärters vom Zug überfahren worden sei (vgl. Kap. 7) – und neu und unerhört ist die Auslöschung der Familie Thiel in jedem Fall. Die bereits angesprochene raffinierte Zeitkonstruktion mit ihrer Grobstruktur, dem stark raffenden Handlungsbericht, der an zentralen Stellen zu breiter ausgeführten Darstellungen wechselt, und ihrer ausschnitthaften Begrenzung des Erzählten, spricht, wie gesagt, ebenfalls für die Textsorte Novelle.

Aspekte der novellistischen Form sind zudem der knappe Umfang der Geschichte, die mit wenigen Figuren auskommt. Es gibt nur einen linearen Handlungsstrang, die Geschehnisse beginnen mit dem Tod Minnas und der verhängnisvollen zweiten Ehe Thiels, sie zeigen dessen zunehmenden psychischen Verfall und laufen geradlinig auf das tragische Ende zu. Dabei wird Thiel interessant durch das, was ihm widerfährt, nicht durch das, was er ist, nämlich ein unbedeutender Bahnwärter. Auch findet sich ein Wendepunkt, der alles ändert, das Eindringen Lenes in Thiels »Waldeinsamkeit«. Eventuell kann man den Unfalltod von Tobias als weiteren Wendepunkt sehen, wobei die beiden Ereignisse ja in unmittelbarem Zusammenhang stehen.

Lothar Wiese verweist darauf, dass man diese Ereignisse als »Spitzenmotiv« verstehen kann, also den Wendepunkt, »der sich in [...] einem sogenannten ›Falken‹ darstellen kann«[2] (Bezeichnung nach Paul Heyse, der sich damit auf die sogenannte ›Falkennovelle‹ aus Boccaccios *Decameron* bezog). Man kann den »Falken« gemäß der Novellentheorie aber auch als gegenständliches Zeichen definieren, als Dingsymbol. Häufig wird hier die Eisenbahn(strecke) als zentrales Dingsymbol gedeutet, die die Natur stört und zerstört und ihre dämonischen Aspekte spiegelt, die Thiels Leben und seinen Tagesablauf taktet und die Räume von Minna und Lene trennt, deren Überschreitung in die Katastrophe führt (vgl. Kap. 5).

1 Lothar Wiese, *Gerhart Hauptmann. Bahnwärter Thiel*, München/Düsseldorf/Stuttgart 2007, S. 15.

2 Ebd., S. 16.

Unterrichtsverlauf

Überblick. Die Schülerinnen und Schüler gestalten einen Lexikonartikel zur Textsorte »Novelle« und beurteilen ihre Artikel fakultativ anhand der Methode Textlupe. Im Anschluss verifizieren sie die Gattungsmerkmale am *Bahnwärter Thiel.* ! **Verkürzter Verlauf: 8.1 – 8.2 – 8.4 – 8.5**

Phase	Thema	Sozialform	Kompetenzen/Lernziele	Materialien
8.1	Einstieg: Mindmap zum Begriff »Novelle«	UG	• Vorwissen aktivieren	TAFELBILD 8 ➤ S. 54
8.2	Erarbeitung I: Lexikonartikel zur Textsorte Novelle verfassen	EA	• Merkmale der Novelle (wieder) ins Bewusstsein rufen • Informierendes Schreiben am Beispiel des Lexikonartikels exerzieren	ARBEITSBLATT 8a ➤ S. 55 Internetzugang
8.3 fakultativ	Überarbeitung: Lexikonartikel mit der Textlupe überprüfen	EA / GA	• Wichtige Novellenelemente erfassen • Den Blick schärfen für die Erfordernisse des informierenden Schreibens	ARBEITSBLATT 8b ➤ S. 56
8.4	Erarbeitung II: *Bahnwärter Thiel* – eine Novelle?	PA	• Gattungsmerkmale der Novelle im *Bahnwärter Thiel* erkennen	ARBEITSBLATT 8c ➤ S. 57
8.5	Sicherung: Präsentation und Zuordnung der Novellenmerkmale	UG	• Die eigenen Arbeitsergebnisse anderen vorstellen und kritisch überprüfen	ARBEITSBLATT 8c ➤ S. 57

8.1 Einstieg: Mindmap zum Begriff »Novelle«

Unterrichtsschritt. Die Lernenden assoziieren frei, was sie bereits zur Gattung der Novelle wissen, und reflektieren, welche Novellen sie im Unterricht schon gelesen haben. Ihre Überlegungen werden in einer Mindmap (TAFELBILD 8) festgehalten.

UG

TAFELBILD 8
➤ S. 54

8.2 Erarbeitung I: Lexikonartikel zur Textsorte Novelle verfassen

Unterrichtsschritt. Die Schülerinnen und Schüler informieren sich auf ARBEITSBLATT 8a ***Lexikonartikel zur Textsorte Novelle*** darüber, wie man einen Lexikonartikel verfasst. Sie wenden diese Informationen auf den Begriff der Novelle an, informieren sich zu dieser Gattung selbständig und erstellen einen Lexikonartikel zur Novelle.

Alternative. Diese Aufgabe könnte auch als vorbereitende Hausaufgabe gegeben werden.

EA

ARBEITSBLATT 8a
➤ S. 55
Internetzugang

Erläuterungen. Die Schülerinnen und Schüler sollen zu den Gattungsmerkmalen der Novelle selbständig im Internet recherchieren, es gibt hier viele gut aufbereitete Seiten für die Zielgruppe (vgl. unten). Im Unterricht können dann (auch im Sinn der Förderung von Medienkompetenz) unterschiedliche Ergebnisse abgeglichen werden.

Mögliche Einstiegsseiten:

- https://www.kapiert.de/novelle-merkmale
- https://wortwuchs.net/novelle-merkmale
- https://learnattack.de/schuelerlexikon/deutsch/novelle
- https://www.lernhelfer.de/schuelerlexikon/deutsch-abitur/artikel/novelle

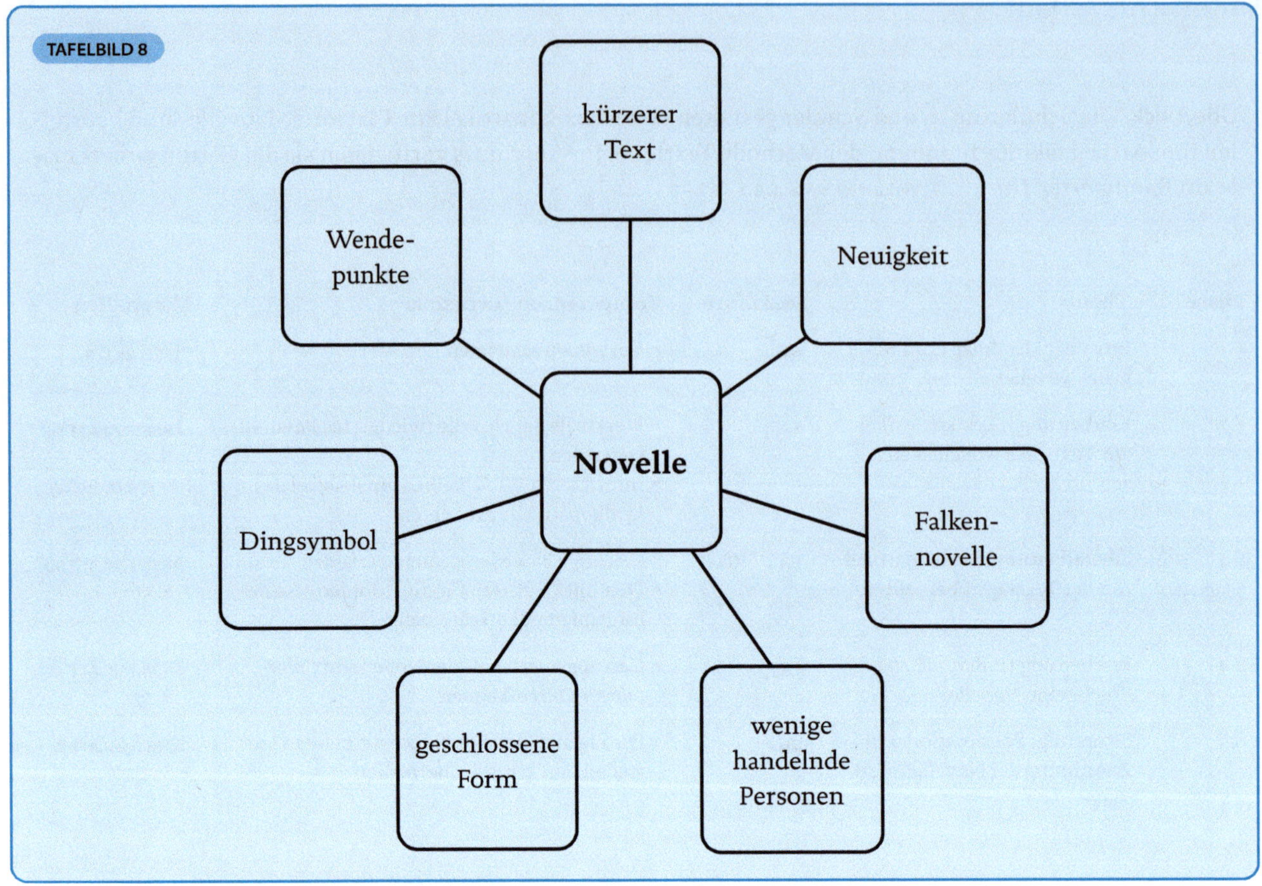

8.3 Überarbeitung: Lexikonartikel mit der Textlupe überprüfen (fakultativ)

EA / GA

ARBEITSBLATT 8b
➤ S. 56

Unterrichtsschritt. Die Schülerinnen und Schüler beurteilen gegenseitig ihre Lexikonartikel, indem sie diese untereinander austauschen und ARBEITSBLATT 8b ***Textlupe*** anwenden. Gegebenenfalls nutzen sie die wechselseitigen Anregungen für eine Überarbeitung der Texte, die auch (z. B. auf der Schulhomepage) veröffentlicht werden können.

Erläuterungen. Die Textlupe ist eine bekannte Überarbeitungsmethode im Schreibprozess. Jeder Autor, jede Autorin gibt ihren Text an (in der Regel drei) Mitschüler und Mitschülerinnen, die ihn lesen und auf einem Beurteilungsblatt ein konkretes Feedback eintragen (ARBEITSBLATT 8b), das im Anschluss umgesetzt wird.

8.4 Erarbeitung II: *Bahnwärter Thiel* – eine Novelle?

PA

ARBEITSBLATT 8c
➤ S. 57
Lösungs-hinweise
➤ S. 94

Unterrichtsschritt. Die Informationen, die für die Artikel gesammelt wurden, werden nun auf den Text angewendet. Anhand von ARBEITSBLATT 8c ***»Bahnwärter Thiel« – eine Novelle?*** arbeiten sich die Lernenden in Partnerarbeit durch den Text und erkennen, dass der *Bahnwärter Thiel* dieser Gattung zugeordnet werden kann.

8.5 Sicherung: Präsentation und Zuordnung der Novellenmerkmale

UG

ARBEITSBLATT 8c
➤ S. 57

Unterrichtsschritt. Die Schülerinnen und Schüler vergleichen im Plenum ausgewählte Ergebnisse und ergänzen gegebenenfalls ihr eigenes Arbeitsergebnis.

ARBEITSBLATT 8a

Lexikonartikel zur Textsorte Novelle

Was ist ein Lexikonartikel?

Ein Lexikonartikel ist Bestandteil eines Nachschlagewerks, das in alphabetischer Sortierung alles Wissenswerte über alle Sachgebiete (Universallexikon, Konversationslexikon) oder über ein bestimmtes Sachgebiet (Fachlexikon) sammelt. Das Ziel eines Artikels besteht darin, zu einem bestimmten Stichwort alle notwendigen Informationen zur Erklärung bereitzustellen. Ein Lexikonartikel bietet nicht nur eine kurze Definition des Begriffs, sondern erläutert die Bedeutung und die historische Entwicklung des Begriffs. Der Artikel kann auch eine Abgrenzung zu anderen, ähnlichen Begriffen vornehmen. Beim Verfassen des Lexikonartikels muss man darauf achten, dass die benutzte Sprache zum Zielpublikum, für das das Lexikon gedacht ist, passend ist.

Wie schreibe ich einen Lexikonartikel?

Wenn ein Lexikonartikel verfasst werden soll, gelten folgende Grundregeln:

- Am Anfang steht nach dem hervorgehobenen Stichwort immer eine Definition des Begriffs in einem Satz.
- Hat der Begriff verschiedene Bedeutungen, werden separate Unterkapitel verwendet.
- Die historische Entwicklung des Begriffs soll erläutert werden.
- Es soll klar und so einfach wie möglich formuliert werden.
- Fachbegriffe sollen möglichst vermieden werden (oder müssen erklärt werden).

Beispiel für einen Lexikonartikel:

Drama (griech., ›Handlung‹): Eine der drei Hauptgattungen der Literatur neben ➤ Lyrik und ➤ Epik. Oberbegriff für die Gesamtheit aller dramatischen Texte, die nach der Grundidee der Gattung für die Bühne konzipiert sind. Auch die Begriffe ›Schauspiel‹ und ›Stück‹ werden gelegentlich als Synonyme gebraucht. Charakteristisch sind ineinandergreifende szenische Einheiten (➤ Akt, Aufzug, Bild). Die Handlung des D. wird von einem zugrunde liegenden dramatischen Konflikt vorangetrieben und fast ausschließlich in ➤ Dialogen und ➤ Monologen der handelnden Figuren dargestellt.

Yomb May: Literarische Grundbegriffe. Stuttgart: Reclam, 2021. S. 43.

Arbeitsaufträge:

1. Recherchieren Sie im Internet die Textsorte »Novelle«. Aktivieren Sie Ihr Wissen über Novellen, die Sie bereits gelesen haben.
2. Vervollständigen Sie die Mindmap zum Thema »Novelle« und planen Sie einen Lexikonartikel dazu.
3. Verfassen Sie einen Lexikonartikel zum Thema »Novelle«.

Textlupe

für: ______________________________

Name:	Das gefällt mir gut:	Das würde ich so machen:	Mein Tipp für dich:

ARBEITSBLATT 8c

Bahnwärter Thiel – eine Novelle?

Arbeitsauftrag:
Überprüfen Sie, welche der von Ihnen recherchierten Novellenmerkmale auf den Text zutreffen.

Novellenmerkmal: ....

Check: ....

....

Novellenmerkmal: ....

Check: ....

....

Novellenmerkmal: ....

Check: ....

....

Novellenmerkmal: ....

Check: ....

....

Novellenmerkmal: ....

Check: ....

....

Novellenmerkmal: ....

Check: ....

....

Novellenmerkmal: ....

Check: ....

....

Novellenmerkmal: ....

Check: ....

....

Novellenmerkmal: ....

Check: ....

....

9 Im Waggon: elend und hässlich ist es hier! Das Werk literaturhistorisch einordnen

Sachanalyse

Eine wichtige Inspirationsquelle für den *Bahnwärter Thiel* sind Gerhart Hauptmanns Kontakte zu Berliner Künstlerkreisen, vor allem im 1886 gegründeten Dichterverein »Durch!«, dem zahlreiche bekannte Naturalisten angehören. Er positioniert sich dort auch literaturtheoretisch, so ist z. B. von einer Mitverantwortung für die »Zehn Thesen zur literarischen Moderne«[1] des Vereins auszugehen, die tonangebend von Eugen Wolff verfasst wurden. Ziel der Autoren ist als »höchstes Kunstideal [...] die Moderne«[2] (6. These). Dabei werden »die Geheimnisse der Natur entschleiernden Naturwissenschaft und [...] technische[] Kulturarbeit«[3] (3. These) als Grundlage dafür, Literatur »modern« zu gestalten, charakterisiert.

Der *Bahnwärter Thiel* erfüllt dieses Konzept in vieler Hinsicht, aber nicht in jeder.

Besonders bei den handelnden Personen spiegeln sich die sozial-humanen Aspekte des Naturalismus: Die Hauptfigur, der Bahnwärter Thiel, ist ein Antiheld, der zum Scheitern verurteilt ist. Als einfacher Mann des Volkes ist er seinen sexuellen Trieben ausgeliefert, so dass er den animalischen Reizen Lenes nicht widerstehen kann. Er ist dabei Produkt eines realitätsnah und ungeschönt gezeichneten Arbeitermilieus, dessen ärmliche Lebensumstände zur Katastrophe beitragen: So ist die zweite Ehe bedingt durch die Notwendigkeit, dass Thiel eine Betreuung für seinen Sohn finden muss, da die alte Frau, der er ihn während seiner Arbeitszeiten übergeben hat, zu unzuverlässig ist und ihn z. B. »einmal beinah habe verbrennen lassen« (S. 4). Auch das Eindringen Lenes in Thiels geheiligten, seiner ersten Frau gewidmeten Bereich gründet sich auf die wirtschaftlichen Verhältnisse der Familie Thiel, für die ein kostenfreies Stück Land, das als Kartoffelacker genutzt werden kann, einen deutlichen Unterschied in der Lebensqualität macht. Klar abgebildet wird auch Thiels Arbeiteralltag, der vollkommen fremdbestimmt ist von den Anforderungen seiner Arbeit: Wie der Fahrplan der Züge ist Thiels Leben minutiös getaktet. Immer gleiche Tätigkeiten müssen minutengenau und zuverlässig verrichtet werden. Die Milieuzugehörigkeit der Hauptpersonen, in der sie gefangen sind und die ihr Leben bestimmt, zeigt sich auch in den geschilderten Verhältnissen der Dorfgemeinschaft. Dort wird über die Thiels getratscht, man vertritt allgemein eine klar abwertende Meinung zu der liebenswerten Art, wie Thiel mit seinem Sohn und den Dorfkindern umgeht (S. 12), und verurteilt Thiel dafür, dass er sich bei Lene nicht stärker – notfalls durch Schläge – durchsetzt (S. 5). Dennoch geht ein Engagement der Nachbarn, als die Misshandlung von Tobias durch seine Stiefmutter deutlich wird, über »Winke« (S. 9), die man dem Vater gibt, nicht hinaus. Man kann also durchaus sagen, dass die novellistische Studie das Arbeiterelend für bürgerliche Leser anschaulich verdeutlicht.

Stilistisch sind jedoch einige Aspekte zu verzeichnen, die dem naturalistischen Konzept widersprechen. Dies betrifft besonders die Sprachverwendung. Zwar gibt es sehr wohl wörtliche, erlebte Rede, die umgangssprachlich konzipiert ist, wie etwa Lenes Schimpftirade (S. 15 f.) – diese jedoch nur an wenigen Textstellen. Die Beschreibung der Natur und der Eisenbahn, ist zudem oft poetisch und symbolisch aufgeladen.[4] Auch die Zeitgestaltung changiert zwischen starker Zeitraffung und detailgenauer Schilderung im – für den Naturalismus typischen – Sekundenstil (z. B. S. 31).

Besonders die starke Raffung zu Beginn – die sieben Jahre der ersten Ehe werden auf einer Seite zusammengefasst (S. 3)[5] – stellt eine Positionierung des Dichters dar, der hier selektiv und folglich wertend eingreift und die Maxime des Mimesis-Konzeptes, also der getreuen Abbildung der Wirklichkeit, bricht. Es wird die gestaltende Hand des Dichters deutlich: »Für den einfachen Bahnwärter [...] ist die differenzierte Bildwelt nicht das adäquate Ausdrucksmittel der eigenen Befindlichkeit. Sie ist das Produkt eines bewusst ›poetisch‹ anspruchsvollen Erzählers, der die schwer zu erfassende Innenwelt seines ›Helden‹ ins Wort bzw. ins Bild bannen und sich eben nicht [...] auf die naturalistische Technik der mimetischen Sprachreproduktion einlassen will.«[6]

1 *Deutsche Universitätszeitung* 1, 1888, Nr. 1.
2 Ebd.
3 Ebd.

4 Vgl. 5. und 6. Unterrichtsstunde.
5 Vgl. 8. Unterrichtsstunde.
6 Helmut Scheuer, »Gerhart Hauptmann, *Bahnwärter Thiel*«, in: *Erzählungen und Novellen des 19. Jahrhunderts*, Bd. 2, Stuttgart 1977, S. 423.

Unterrichtsverlauf

Überblick. Die Schülerinnen und Schüler erarbeiten sich selbständig in einem Stationentraining Gattungsmerkmale des Naturalismus und wenden diese auf den *Bahnwärter Thiel* an. Sie reflektieren die Inhalte aus aktueller Sicht (fakultativ). Im gemeinsamen Gespräch verifizieren sie ihre Arbeit. ! **Verkürzter Verlauf: 9.1 – 9.2 – 9.4**

Phase	Thema	Sozialform	Kompetenzen/Lernziele	Materialien
9.1	Einstieg: Mindmap zum Begriff »Naturalismus«	UG	• Vorwissen aktivieren	TAFELBILD 9 ➤ S. 60
9.2	Stationentraining zur Epoche des Naturalismus	GA	• Literarische Bildung erwerben • Kennzeichen des Naturalismus der novellistischen Studie zuordnen	ARBEITSBLATT 9a bis ARBEITSBLATT 9c ➤ S. 62–64 ARBEITSBLATT 9d bis ARBEITSBLATT 9h ➤ S. 65–77
9.3 **fakultativ**	Erweiterung: Aspekte des Naturalismus im aktuellen Kontext reflektieren	EA / GA	• Einen persönlichen Standpunkt aus aktueller Perspektive einnehmen	ARBEITSBLATT 9i ➤ S. 78
9.4	Sicherung: Präsentation des ausgefüllten Stationenheftes	UG	• Arbeitsergebnisse überprüfen und würdigen	ARBEITSBLATT 9a bis ARBEITSBLATT 9c ➤ S. 62–64

9.1 Einstieg: Mindmap zum Begriff »Naturalismus«

Unterrichtsschritt. Die Lernenden assoziieren frei, was sie bereits zur Literaturepoche des Naturalismus wissen und reflektieren, welche Texte des Naturalismus sie im Unterricht schon gelesen haben. Ihre Überlegungen werden in einer Mindmap (TAFELBILD 9) festgehalten.

UG

TAFELBILD 9 ➤ S. 60

9.2 Stationentraining zur Epoche des Naturalismus

Unterrichtsschritt. Die Schülerinnen und Schüler führen in Kleingruppen ein Stationentraining mit fünf Stationen durch und erarbeiten sich mit Hilfe von ARBEITSBLATT 9d bis ARBEITSBLATT 9h ***Arbeitsmaterialien für das Stationentraining*** sukzessive Informationen zum Naturalismus, die sie am *Bahnwärter Thiel* prüfen. Die Ergebnisse halten sie in ARBEITSBLATT 9a bis ARBEITSBLATT 9c ***Stationenheft*** fest.

GA

ARBEITSBLATT 9a bis ARBEITSBLATT 9c ➤ S. 62–64 Lösungshinweise ➤ S. 95f. ARBEITSBLATT 9d bis ARBEITSBLATT 9h ➤ S. 65–77

Erläuterungen zum Stationentraining.

Vorbereitung: Die Lehrkraft erstellt vorab aus ARBEITSBLATT 9a bis ARBEITSBLATT 9c das Stationenheft (für jeden Schüler bzw. jede Schülerin eines). Alternativ kann es auch vorab von der Lerngruppe vorbereitet werden: Nach dem Ausschneiden wird ARBEITSBLATT 9b auf die Rückseite von ARBEITSBLATT 9a geklebt und gefaltet, ARBEITSBLATT 9c als Einlegeblatt gefaltet, so dass ein kleines Heft mit Deckblatt entsteht. Die Verteilung der Seiten ist bereits so angelegt, dass beim Zusammenlegen die fünf Stationen in der richtigen Reihenfolge stehen.

Es werden insgesamt fünf Stationen aufgebaut, an denen den Schülerinnen und Schülern die Materialien (ARBEITSBLATT 9d bis ARBEITSBLATT 9h) als Arbeitsgrundlage angeboten werden. Die Klasse wird in Kleingruppen eingeteilt und auf die Stationen gleichmäßig aufgeteilt. Für Station 5 ist der Originaltext des *Bahnwärter Thiel* nötig.

Durchführung: In einem vorgegebenen Zeitraster (ca. 15 Minuten pro Station) arbeiten die Gruppen jeweils an

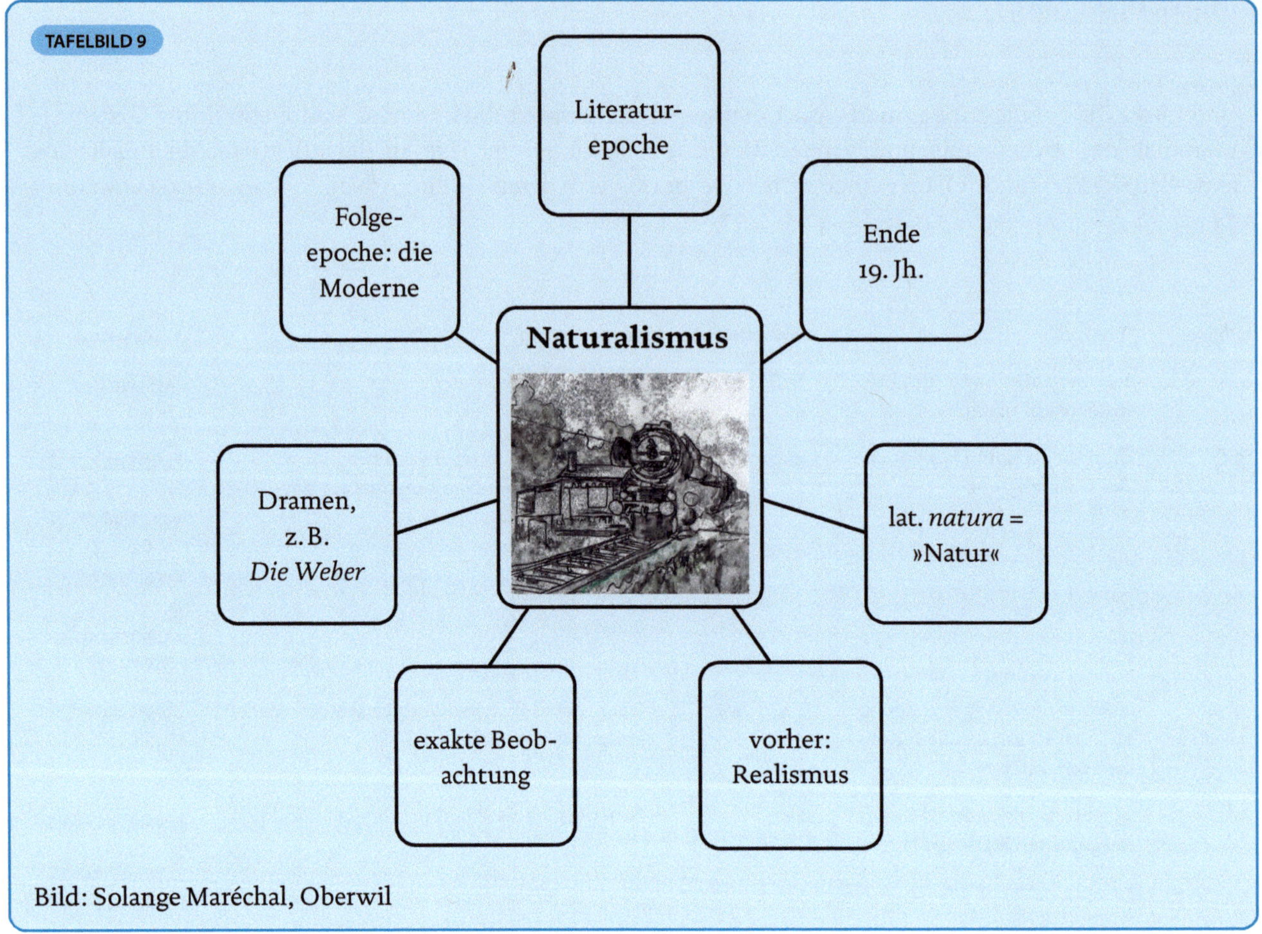

Bild: Solange Maréchal, Oberwil

den einzelnen Stationen. Gemeinsame Arbeit zu den Aufträgen ist erwünscht. Die Lernenden tragen jeweils die Ergebnisse ihrer Arbeit in ihr Stationenheft ein.

9.3 Erweiterung: Aspekte des Naturalismus im aktuellen Kontext reflektieren (fakultativ)

EA / GA

ARBEITSBLATT 9i

➤ S. 78

Unterrichtsschritt. Die Schülerinnen und Schüler reflektieren in der Gruppe einzelne Aspekte der Themen des Stationentrainings, zum Teil aus zeitgenössischer Perspektive. Auf ARBEITSBLATT 9i ***Vertiefende Aufgaben*** findet sich für jede Station ein weiterführender Auftrag.

Erläuterungen. Mit ARBEITSBLATT 9i kann unterschiedlich umgegangen werden:

a) Differenzierung: Gruppen, die an ihrer Station sehr schnell fertig sind, bekommen den Auftrag auf den Tisch gelegt und arbeiten bis zum Stationenwechsel daran. In der Sicherungsphase kann mündlich auf mögliche Ergebnisse eingegangen werden.
b) Erweiterung: Für das Stationentraining wird deutlich mehr Zeit angesetzt, so dass jede Gruppe jeden Zusatzauftrag vertieft besprechen kann. Dazu wird die Gesamtarbeitszeit auf mindestens zwei Doppelstunden angesetzt. Die gemeinsame Besprechung wird deutlich erweitert.
c) Wechsel der Methode: Die Gruppen arbeiten arbeitsteilig zu je nur einer Station, inklusive Zusatzauftrag. Das Stationenheft wird im Anschluss gemeinsam ausgefüllt, die Zusatzaufträge in der Klasse noch einmal vertieft besprochen.
d) Hausaufgabe: Die Zusatzaufträge werden (arbeitsteilig) als Hausaufgabe gegeben, die Schülergruppen erstellen dazu jeweils eine kleine Präsentation, die sie in der nächsten Stunde vorstellen.

Hinweis: Für den Auftrag zu Station 4 wäre ein Internetzugang günstig!

9.4 Sicherung: Präsentation des ausgefüllten Stationenheftes

Unterrichtsschritt. Die Schülerinnen und Schüler stellen ihre Arbeitsergebnisse vor und ergänzen bzw. korrigieren ggf. ihr Stationenheft (ARBEITSBLATT 9a bis ARBEITSBLATT 9c). Sie geben einander eine konstruktive Rückmeldung, mit Lob und konkreten Verbesserungsvorschlägen.

UG

ARBEITSBLATT 9a
bis
ARBEITSBLATT 9c
➤ S. 62–64

ARBEITSBLATT 9a **Stationenheft (1)** (bitte ausschneiden)

Station 5: Merkmale des Naturalismus: Darstellung des Hässlichen

1. Conrad Alberti: *Natur und Kunst* – die Idee einer »neuen Ästhetik«:

....

....

2. Verwirklichung der »neuen Ästhetik« bei Arno Holz:

....

....

....

....

....

....

3. Textbeispiele aus dem *Bahnwärter Thiel*:

Seite: ....

....

....

Seite: ....

....

....

Seite: ....

....

....

Seite: ....

....

....

Seite: ....

....

....

Name: ....

Stationentraining in 5 Stationen

Bahnwärter Thiel – ein Text des Naturalismus?

Bild: Solange Maréchal, Oberwil (Schweiz)

ARBEITSBLATT 9b **Stationenheft (2)** (bitte ausschneiden)

Station 1: Hintergründe des Naturalismus: Zeitgeschichtliche Entwicklungen

1. Programm des Naturalismus:

2. Veränderungen in Wissenschaft, Gesellschaft und Menschenbild
   - Wissenschaftliche und gesellschaftliche Veränderungen als Basis:

   - Ein neuer Bilck auf »den Menschen«:

3. Veränderungen im Lebensalltag durch die Industrialisierung:

Station 4: Merkmale des Naturalismus: Milieu und Vererbung

1. Milieutheorie und Rolle der Vererbung

2. Aspekte der Industrialisierung am Beispiel des *Bahnwärter Thiel*
   - Textbeispiel: *Bahnwärter Thiel*, S. 39:

   - Mensch als Produkt der Milieus und der Vererbung:

Gemälde von Hans Baluschek, 1932

ARBEITSBLATT 9c **Stationenheft (3)** **(bitte ausschneiden)**

Station 2: Merkmale des Naturalismus: Verwissenschaftlichung der Kunst

1. Arno Holz – Dichter und Theoretiker des Naturalismus

2. Zentraler Gedanke aus: Arno Holz, *Die Kunst. Ihr Wesen und ihre Gesetze*

3. Konkretisierung in der Literatur – die »naturwissenschaftlichen Grundlagen der Poesie«:

4. Umsetzung im *Bahnwärter Thiel*:
Zeitgestaltung:

Sicht auf die handelnden Personen:

Station 3: Merkmale des Naturalismus: Sekundenstil

1. Merkmale des Sekundenstils (am Beispiel von *Papa Hamlet*):
   1.
   2.
   3.
   4.
   5.

2. Sekundenstil im *Bahnwärter Thiel*:
Textausschnitt A

Textausschnitt B

Station 1

Hintergründe des Naturalismus: Zeitgeschichtliche Entwicklungen

1. Programm des Naturalismus

Kein rückwärts schauender Prophet,
geblendet durch unfassliche Idole,
modern sei der Poet,
modern vom Scheitel bis zur Sohle!

Arno Holz: Programm. In: Werke. Hrsg. von Wilhelm Emrich und Anita Holz. Bd. 5. Neuwied: Luchterhand, 1982. S. 122.

Arbeitsauftrag:

Übernehmen Sie den zentralen Gedanken über das Programm des Naturalismus in eigenen Worten in Ihr Stationenheft.

2. Veränderungen in Wissenschaft, Gesellschaft und Menschenbild

In der zweiten Hälfte des 19. Jahrhunderts gibt es eine Reihe von einschneidenden gesellschaftlichen Veränderungen, die von den jungen Schriftstellern, die zeitgemäße – moderne – Literatur verfassen wollen, aufgegriffen werden. Die Entwicklung der Naturwissenschaften (als Spätfolge der Aufklärung) bringt Neuerungen in Technik und Weltanschauung bzw. eine Veränderung des Menschenbildes mit sich.

Technische Erfindungen, wie die Spinnmaschine (»Spinning Jenny«, James Hardgreaves, 1764) und der mechanische Webstuhl (Edmund Cartwright, 1814), führen beispielsweise dazu, dass die häusliche Produktion von Textilerzeugnissen und kleine Handwerksbetriebe auf dem Land durch Industriebetriebe in den Städten ersetzt werden. Die Erfindung der Dampfmaschine (James Watt, 1769) und darauf aufbauend u. a. der Dampflokomotive (George Stephenson, 1814) sind die Basis für das Eisenbahnnetz, das nun nach und nach in Europa entsteht. Der Aufschwung der Textilindustrie und die Revolutionierung des Verkehrswesens führen auch zu Entwicklungen im Bergbau und in der Eisen- und Stahlindustrie, der metallverarbeitenden Industrie und des Maschinenbaus.

Auch das Menschenbild ändert sich in jener Zeit. Der Mensch wird nun nicht mehr als von Gott geschaffene »Krone der Schöpfung« gesehen, sondern als Teil der Evolution. Prägende Persönlichkeiten sind der britische Naturforscher Charles Darwin (1809–1882), der als Begründer der Evolutionstheorie wesentliche neue Impulse zur Rolle des Menschen innerhalb der Natur einbringt. Der Philosoph Hippolyte Taine (1828–1893) versteht den Menschen als gesetzmäßig bestimmt, als determiniert von Milieu bzw. sozialer Herkunft. Und der Psychologe Sigmund Freud (1856–1939) entwickelt die Psychoanalyse, die sich dem Unbewussten des Menschen widmet, das maßgeblich auf dessen Handeln Einfluss nehmen soll.

Arbeitsauftrag:

Welche wissenschaftlichen und gesellschaftlichen Veränderungen beeinflussen das Weltbild? Wie entwickelt sich das Menschenbild in diesem Kontext? Übernehmen Sie diese Gedanken in Ihr Stationenheft.

3. Veränderungen im Lebensalltag durch die Industrialisierung

Da durch die Industrialisierung viele Arbeiten in ländlichen Regionen nicht mehr rentabel sind, ziehen die Menschen in die Städte. Dort hoffen sie auf Lohn und Brot, aber die Konkurrenz ist groß.

Die Folgen sind zum einen ein hoher Prozentsatz von Arbeitslosen, große Armut, miserable Wohnverhältnisse und viele Krankheiten. Das soziale Elend, Alkoholismus, Kriminalität und Prostitution wachsen.

Diejenigen, die Arbeit in den Fabriken bekommen, werden hemmungslos ausgebeutet: Niedrigste Löhne, Arbeitszeiten von über 10, teils bis zu 17 Stunden pro Tag und Kinderarbeit sind die Regel. Soziale Absicherung bei Unfällen, während der Schwangerschaft oder bei Krankheiten gibt es nicht.

Gleichzeitig verschärfen sich die sozialen Gegensätze und die Klassenunterschiede zwischen der großen Zahl besitzloser Arbeiter und den wenigen, meist reichen Besitzern der kapitalistischen Betriebe. In der Folge kommt es zu wachsendem Widerstand der Proletarier und zur Gründung von Gewerkschaften.

Rundschreiben von Alfred Krupp (1812–1887), Inhaber der Gussstahlfabrik Fried. Krupp in Essen, an Firmenmitarbeiter:

»[…] Ohne Zweifel geht Deutschland demselben Zustand entgegen, worin England sich befindet. Ich empfehle daher die äußerste Vorsicht in Kontrolle des Verhaltens der Arbeiter und Meister und jeden sofort herauszuschmeißen, der Miene macht, sich zu beteiligen bei irgendeinem Verband, der feindlich ist gegen Arbeitgeberkapital. Ferner rechne ich darauf, daß jeder herausgeschmissen wird, der in Religionsinteressen zu wühlen versucht. Wir wollen nur treue Arbeiter haben, die dankbar im Herzen und in der Tat dafür sind, daß wir ihnen das Brot bieten; wir wollen sie mit aller Menschenliebe behandeln und für sie wie für ihre Familien sorgen, sie sollen das Maximum bei uns verdienen, was eine Industrie bieten kann – oder wir geben solche Industrie auf, bei der die Leute hungern müssen. Dagegen soll aber niemand wagen, gegen ein wohlwollendes Regiment sich zu erheben, und eher ist alles in die Luft zu sprengen, alles zu opfern, als Arbeiterbegehr nachzugeben unter dem Druck von Strike. An <u>guten soliden</u> Leuten ist Mangel, wir haben viele, die nicht dazurechnen. Es ist wünschenswert, auch für das Wohl der Beschäftigten, nicht einen Mann mehr zu haben als nützlich und notwendig, daher empfehle ich, so viel wie möglich Maschinenkraft und Bewegung, Dampfkraft, Lokomotive und Pferde – statt gemeiner Menschenkraft, wo solche so ersetzt werden kann. Es ist zeitig ohne Ansehen der Stellung alles auszumerzen, was nicht zuverlässig, fleißig, solide, moralisch und treu ist.«

Quellensammlung zur Geschichte der deutschen Sozialpolitik 1867 bis 1914. 1. Abt., 8. Bd.: Grundfragen der Sozialpolitik in der öffentlichen Diskussion: Kirchen, Parteien, Vereine und Verbände. Bearb. von Ralf Stremmel [u. a.]. Darmstadt/Mainz: Wissenschaftliche Buchgesellschaft / Akademie der Wissenschaften und der Literatur, 2006. S. 229.

Arbeitsauftrag:

Welche Rolle spielt der Arbeiter hier im Denken des Unternehmers? Wie gestaltet sich der Alltag und das Leben als Arbeiter? Übernehmen Sie diese Gedanken in Ihr Stationenheft.

Station 2

Merkmale des Naturalismus: Verwissenschaftlichung der Kunst

1. Arno Holz – Dichter und Theoretiker des Naturalismus

Der Journalist, später freie Autor, Arno Holz (geb. 1863) war Mitglied im Berliner Verein *Durch!*, wo er auch Gerhart Hauptmann kennenlernte. Für den Gedichtband *Buch der Zeit* (vgl. Station 1) erhielt er 1885 den Schiller-Preis. Besonders interessierte sich Holz für den Darwinismus. Zusammen mit Johannes Schlaf (1862–1941) entwickelte er eine Theorie des Naturalismus, die beide in der programmatischen Schrift *Die Kunst, ihr Wesen und ihre Gesetze* (Textausschnitt: siehe Nr. 2) veröffentlichten.

Berühmt wurde Arno Holz durch seine pseudomathematische Kunstformel:

»Kunst = Natur – x«

Ziel eines naturalistischen Kunstwerks soll es sein, die Natur und gesellschaftliche Realität möglichst deckungsgleich wiederzugeben. Dies gelingt aber nicht vollständig, weil der Künstler (= der Faktor x) dazu nicht immer fähig ist. Die Aufgabe des Künstlers ist es also, das x aus der Formel möglichst klein werden zu lassen, so dass die Kunst der Natur, so weit wie es nur geht, entspricht.

Den theoretisch postulierten »konsequenten Naturalismus« setzten beide um in dem dreiteiligen Erzählband *Papa Hamlet* und im Drama *Familie Selicke*, das 1890 uraufgeführt wurde. Auch nach einem Streit mit Johannes Schlaf war Arno Holz weiterhin als Schriftsteller tätig. 1929 stand er sogar auf der Kandidatenliste für den Literaturnobelpreis. Arno Holz verstarb 1929 in Berlin.

Arbeitsauftrag:

Fassen Sie die zentralen Aussagen über den Naturalisten Arno Holz in Ihrem Stationenheft zusammen.

2. Zentraler Gedanke aus: Arno Holz, *Die Kunst. Ihr Wesen und ihre Gesetze*

»Ich zweifelte zwar keinen Augenblick daran, dass mit der Zeit auch eine bessere, präzisere Fassung möglich sein würde, aber den Kern wenigstens enthielt ja auch diese bereits, und das genügte mir.

›Die Kunst hat die Tendenz, wider die Natur zu sein. Sie wird sie nach Maßgabe ihrer Reproduktionsbedingungen und deren Handhabung.‹

Ja! Das war es! Das hatte mir vorgeschwebt, wenn auch nur dunkel, schon an jenem ersten Winterabend!

Und ich sagte mir:

Ist dieser Satz wahr, d. h. ist das Gesetz, das er aussagt, ein wirkliches, ein in der Realität vorhandnes, und nicht bloß eins, das ich mir töricht einbilde, eines in einem Schädel, dann stößt er die ganze bisherige ›Ästhetik‹ über den Haufen. Und zwar rettungslos. Von Aristoteles bis herab auf Taine. Denn Zola ist kaum zu rechnen. Der war nur dessen Papagei. […]

Die ganze bisherige Ästhetik war nicht, wie sie schon damit prunkte, eine Wissenschaft von der Kunst, sondern vorerst nur eine Pseudowissenschaft von ihr. Sie wird sich zu den wahren zukünftigen, die eine *Soziologie* der Kunst sein wird und nicht wie bisher – selbst noch bei Taine – eine *Philosophie* der Kunst, verhalten wie ehedem die Alchemie zur Chemie oder Astrologie zur Astronomie.«

Arno Holz: Die Kunst. Ihr Wesen und ihre Gesetze. In: Naturalismus. Hrsg. von Walter Schmähling. Stuttgart: Reclam, 1977. (Die deutsche Literatur in Text und Darstellung. 12.) S. 101.

Arbeitsauftrag:

Übernehmen Sie den zentralen Satz aus dem Textauszug in Ihr Stationenheft.

3. Konkretisierung in der Literatur – die »naturwissenschaftlichen Grundlagen der Poesie«

»Für den Dichter aber scheint mir in der Tatsache der Willensunfreiheit der höchste Gewinn zu liegen. Ich wage es auszusprechen: Wenn sie nicht bestände, wäre eine wahre realistische Dichtung überhaupt unmöglich. Erst indem wir uns dazu aufschwingen, im menschlichen Denken Gesetze zu ergründen, erst indem wir einsehen, dass eine menschliche Handlung, egal wie sie beschaffen sei, das restlose Ergebnis gewisser Faktoren, einer äußeren Veranlassung und einer innern Disposition sein müsse und dass auch diese Disposition sich aus gegebenen Größen ableiten lasse – erst so können wir hoffen, jemals zu einer wahren mathematischen Durchdringung der ganzen Handlungsweise eines Menschen zu gelangen und Gestalten vor unserem Auge aufwachsen zu lassen, die logisch sind wie die Natur.«

Wilhelm Bölsche: Die naturwissenschaftlichen Grundlagen der Poesie. Prolegomena einer realistischen Ästhetik. Leipzig: Reissner, 1887. S. 34 f.

Der naturalistische Dichter orientiert sich an den Methoden aus den verschiedensten naturwissenschaftlichen Bereichen, den aktuellen Erkenntnissen aus Medizin und Psychologie, Technik und Industrie, die in ihrer Zeit das althergebrachte christliche Weltbild in Frage stellen.

Er arbeitet z. B. experimentell (orientiert an Emil Zola): Der Schriftsteller setzt etwa seine Figuren, die er mit individuellen Erbanlagen ausstattet, in ein Umfeld, dem sie ausgeliefert sind. Daraus entstehen Konflikte, die je nach Charakter zur Bewältigung oder zum Scheitern in dieser Umwelt führen – ähnlich wie bei einem Experiment, bei dem der Wissenschaftler eine Versuchsanordnung aufstellt und darüber Daten sammelt, wie sich Objekte bei kontrollierten Einflussgrößen unter bestimmten Bedingungen verhalten.

Subjektivität oder Individualität sollen daher vermieden werden, es geht darum, nur das abzubilden, was auch beobachtet werden kann, dieses aber möglichst genau, ohne Verkürzungen. Der Dichter hält sich als wertende Instanz zurück.

Arbeitsauftrag:

Übernehmen Sie zentrale Gedanken in Ihr Stationenheft.

4. Umsetzung im *Bahnwärter Thiel*

Im *Bahnwärter Thiel* verstößt Gerhart Hauptmann in mancher Hinsicht gegen diese naturalistische Forderung des wissenschaftlichen Schreibens.

Arbeitsauftrag:

Formulieren Sie in Ihrem Stationenheft Kritikpunkte zu den folgenden Aspekten und lesen Sie dazu in Ihrer Ausgabe auf den angegebenen Seiten noch einmal nach.

- Zeitgestaltung (S. 3)
- Sicht auf die handelnden Personen (S. 20–22)

Station 3

Merkmale des Naturalismus: Sekundenstil

1. Merkmale des Sekundenstils (am Beispiel von *Papa Hamlet*)

»Die Prosaarbeiten von Arno Holz und Johannes Schlaf zeigen, dass die im Naturalismus angestrebte Verwissenschaftlichung der Literatur sich nicht nur auf ein von den positivistischen Konzepten [Ernst] Haeckels, [Auguste] Comtes, [John Stuart] Mills und [Hippolyte] Taines beeinflusstes materialistisch-mechanistisches Menschen- und Gesellschaftsbild bezog, sondern zugleich zu neuen literarischen Darstellungsformen führte. Im Bestreben, die Wirklichkeit möglichst genau und objektiv in ihrer ganzen Komplexität zu erfassen, entwickelten sie das Verfahren des ›Sekundenstils‹ […].«

Max Kämper: Neue Sprach- und Erzählmittel im Naturalismus. In: *Bahnwärter Thiel*, Reclam XL, S. 64.

Textauszug aus *Papa Hamlet* von Arno Holz und Johannes Schlaf:

»Endlich, nachdem jetzt der alte Svendsen unten seine eintönige Patrouille eingestellt hatte, konnte sich auch Olaf nicht mehr länger aufrechterhalten.

Die lange Nachtwache, der scharfe Karboldunst, der das ganze enge, schwüle Zimmer füllte, das feine Ticken der Taschenuhr drüben vom Sofatische her, das leise, unermüdliche Brühen und Blaffen, mit dem sich das Öl in der kleinen, tiefheruntergeschraubten Lampe verzehrte, sein eigenes Blut, das ihm in den Ohren summte und zwischendurch wie fernes, dünnes Glockengeläute klang: das alles betäubte ihn!

Er hatte sich jetzt in den alten, großen, kattunenen Lehnstuhl dicht neben dem Bett noch tiefer zurücksinken lassen.

Die glitzernde Flüssigkeit in dem halbvollen Glase neben ihm, die er vergeblich zu fixieren suchte, war jetzt in einen orangefarbnen Lichtklecks verschwommen, der allmählich ins Bläuliche überging. Schließlich war's nur noch ein braunroter Funke, der übrigblieb, zuletzt war auch der verloschen. Alles schien jetzt schwarz! Das Glas, das Bett, die Lampe, das ganze Zimmer …

Sein Kinn war ihm auf die Brust gefallen, er war eingeschlafen.

… Gott sei Dank! Er war wieder wach geworden. Es mußte eine Maus gewesen sein!

Sein Schatten, der jetzt lang und wunderlich geknickt drüben über die weiße, niedrige Tür weg, das kleine, blaue Stück Tapete drüber und die alte, verräucherte Zimmerdecke hinfiel, brachte ihn wieder zu sich.

Er sah nach der Uhr.

Drei!

Der Kranke lag noch immer da wie tot.

Er hatte sich jetzt über ihn gebeugt.

Das trübe, grellrote Lampenlicht zeichnete die Augenhöhle neben der spitz vorspringenden Nase wie ein tiefes, scharf umrändertes Loch in den Schädel.

›Armer Kerl!‹

Das große, feuchte Handtuch über seiner Stirn war jetzt wieder behutsam zurechtgerückt, er war jetzt abermals in seinen Lehnstuhl zurückgefallen.

›Armer Kerl!‹

Und nun wieder nur das leise, unermüdliche Brühen der Lampe, das Ticken der Uhr und Jens, der sich auf dem alten, wackligen Sofa drüben im Schlaf auf die andere Seite gedreht hatte …

Olaf seufzte.

Der schmutzige, gelbe Lichtfleck oben an der alten, rissigen Decke zitterte und zitterte, die Uhr tickte, das Blut summte, er war abermals eingeschlafen.

›O … Oolaf!!‹

Unten, irgendwo auf dem totenstillen Hofe hatten eben ohrenzerreißend ein paar Katzen aufgekreischt; jetzt war auch Jens in die Höhe gefahren.

›Um Gottes willen! Was …‹

›Halt's Maul! … Diese verfluchten Biester!‹

Er war jetzt wieder total munter.

[…]

›Geht's besser?‹

›Nein! Er schläft immer noch!‹

›Hm!‹

Eine Weile war alles wieder still. Sogar die Katzen draußen hatten sich auf einen Augenblick beruhigt.

Jetzt sah auch Jens nach seiner Uhr. Sie war stehngeblieben.

›Drei! Nicht wahr?‹

›Ja! Erst!!‹

›Schön! … Ist noch Bier da?‹

›Ja! Ich glaube.‹

Jens ging nachsehn. Seine dicken Filzsocken machten seine Schritte unhörbar. Vor dem Bette blieb er einen Augenblick stehn.

›Du! Vielleicht wird's doch besser!‹

Olaf zuckte nur die Achseln.

Eins … zwei … drei … fünf Stück noch.

›Dir auch eine?‹

›Nein! Danke!‹

›Aah! das tut wohl! – Übrigens … scheußlicher Muff hier!‹

›Ja! Zum Zerschneiden!‹

›Schauderhaft! Schauderhaft!‹

Er hatte sich jetzt, beide Hände in den Hosentaschen, dicht vor das Fenster gestellt.

›Dieses verdammte Viehzeug!‹

Olaf, der schon eine ganze Zeit auf dem kleinen, rotgebeizten Bücherregal über der Kommode gekramt hatte, sah auf.

›Ja! Weiß Gott! Schon die ganze Nacht!‹

Jens sah jetzt auf den Hof hinaus. Er hatte die Gardinen beiseite genommen.

Drüben auf die dunkle Wand des Hinterhauses hatten die beiden Fenster ihre zwei trüben

Lichtvierecke gelegt, oben auf einem Schornstein zeichneten sich die schwarzen Schattenrisse zweier Katzen deutlich gegen den blauen Nachthimmel ab. Zwei, drei Sternchen flinkerten müde über den mit einem leisen, grauen Lichte überzogenen Dächern.«

Arno Holz / Johannes Schlaf: Papa Hamlet. Ein Tod. Mit einem Nachw. von Fritz Martini. Stuttgart: Reclam, 1963 [u. ö.]. (Universal-Bibliothek. 8853.) S. 65–67.

Arbeitsauftrag:

Lesen Sie den für den Sekundenstil typischen Textauszug aus *Papa Hamlet* von Arno Holz und Johannes Schlaf. Beschreiben Sie Charakteristika des Sekundenstils anhand dieses Textes. Notieren Sie diese in Ihrem Stationenheft.

2. Sekundenstil im *Bahnwärter Thiel*

Textausschnitt A:

»Die ersten fünf Jahre hatte er den Weg von Schön-Schornstein, einer Kolonie an der Spree, herüber nach Neu-Zittau allein machen müssen. Eines schönen Tages war er dann in Begleitung eines schmächtigen und kränklich aussehenden Frauenzimmers erschienen, die, wie die Leute meinten, zu seiner herkulischen Gestalt wenig gepasst hatte. Und wiederum eines schönen Sonntagnachmittags reichte er dieser selben Person am Altare der Kirche feierlich die Hand zum Bunde fürs Leben. Zwei Jahre nun saß das junge, zarte Weib ihm zur Seite in der Kirchenbank; zwei Jahre blickte ihr hohlwangiges, feines Gesicht neben seinem vom Wetter gebräunten in das uralte Gesangbuch –; und plötzlich saß der Bahnwärter wieder allein wie zuvor.

An einem der vorangegangenen Wochentage hatte die Sterbeglocke geläutet; das war das Ganze.«

Bahnwärter Thiel, Reclam XL, S. 3.

Textausschnitt B:

»Der schlesische Schnellzug war gemeldet, und Thiel musste auf seinen Posten. Kaum stand er dienstfertig an der Barriere, so hörte er ihn auch schon heranbrausen. Der Zug wurde sichtbar – er kam näher – in unzählbaren, sich überhastenden Stößen fauchte der Dampf aus dem schwarzen Maschinenschlote. Da: ein – zwei – drei milchweiße Dampfstrahlen quollen kerzengerade empor, und gleich darauf brachte die Luft den Pfiff der Maschine getragen. Dreimal hintereinander, kurz, grell, beängstigend. Sie bremsen, dachte Thiel, warum nur? Und wieder gellten die Notpfiffe schreiend, den Widerhall weckend, diesmal in langer, ununterbrochener Reihe.«

Bahnwärter Thiel, Reclam XL, S. 31.

Arbeitsauftrag:

Vergleichen Sie in Ihrem Stationenheft die beiden Textausschnitte aus dem *Bahnwärter Thiel* im Hinblick auf den Sekundenstil.

Station 4

Merkmale des Naturalismus: Milieu und Vererbung

1. Milieutheorie und Rolle der Vererbung

Irenäus Eibl-Eibesfeld (1976):

»Die als Milieutheorie bezeichnete Lehre vertritt nun die Ansicht, dass wir Menschen, von einigen Reflexen abgesehen, sämtliche Verhaltensprogramme im Laufe unserer Jugendentwicklung erlernen. Das Neugeborene komme gewissermaßen als unbeschriebenes Blatt zur Welt. […] Dieser Glaube an die ausschließliche kulturelle Determination menschlichen Verhaltens ist weit verbreitet. Er liegt bestimmten politischen Utopien zugrunde. Nicht nur die konkreten Bewegungsabläufe, auch Neigungen des Menschen, wie etwa das Streben nach Rang oder die Aggressivität, sind der Milieutheorie zufolge Produkt der Erziehung. Hält man das ein oder andere für gesellschaftlich unerwünscht, dann spricht man von Fehlprogrammierung durch Erziehung und schlägt vor, die Kinder so zu erziehen, dass sich die unerwünschten Neigungen nicht entwickeln.«

Irenäus Eibl-Eibesfeldt: Liebe und Hass. Zur Naturgeschichte elementarer Verhaltensweisen. München: Piper, [7]1976. S. 20.

Hippolyte Taine (1828–1893), Begründer der Milieutheorie

Karl Bleibtreu (1888):

»Für die neue Poesie werden weder Bösewichter noch Heilige, weder Kretins noch Genies *geboren*. Sie *werden* erst zu dem, was sie sind, durch die auf sie wirkenden Verhältnisse. Man beginnt in jedem Beruf zaghaft und stümpernd, selbst das Genie; so beginnt auch das Kind stümpernd den Lebensberuf. Nur die Gehirnbazillen der vererbten Anlagen bleiben stets die gleichen von Anfang bis Ende. Es kommt nun darauf an, die Entwickelung oder teilweise Unterdrückung dieser Gehirnbazillen durch die Einflüsse der geologischen Lage zu erklären; denn mit dem bloßen pedantischen Herumreiten auf der ›Vererbung‹, wie Zola dies oft beliebt, ist noch gar nichts getan.«

Karl Bleibtreu: Realismus und Naturwissenschaft. In: Litterarisch-kritische Rundschau 1 (1888) S. 3.

Arbeitsauftrag:

Halten Sie die zentralen Gedanken der Milieutheorie und die Rolle der Vererbung für den Naturalismus in Ihrem Stationenheft fest.

2. Aspekte der Industrialisierung am Beispiel des *Bahnwärter Thiel*

»Dunkler Qualm wälzte sich fernher über die Strecke, und der Wind drückte ihn zu Boden. Hinter sich vernahm er das Keuchen einer Maschine, welches wie das stoßweise gequälte Atmen eines kranken Riesen klang.

Ein kaltes Zwielicht lag über der Gegend.

Nach einer Weile, als die Rauchwolken auseinandergingen, erkannte Thiel den Kieszug, der mit geleerten Loren zurückging und die Arbeiter mit sich führte, welche tagsüber auf der Strecke gearbeitet hatten.

Der Zug hatte eine reichbemessene Fahrzeit und durfte überall anhalten, um die hie und da beschäftigten Arbeiter aufzunehmen, andere hingegen abzusetzen. Ein gutes Stück vor Thiels Bude begann man zu bremsen. Ein lautes Quietschen, Schnarren, Rasseln und Klirren durchdrang weithin die Abendstille, bis der Zug unter einem einzigen, schrillen, langgedehnten Ton still stand.

Etwa fünfzig Arbeiter und Arbeiterinnen waren in den Loren verteilt. Fast alle standen aufrecht, einige unter den Männern mit entblößtem Kopfe. In ihrer aller Wesen lag eine rätselhafte Feierlichkeit. Als sie des Wärters ansichtig wurden, erhob sich ein Flüstern unter ihnen. Die Alten zogen die Tabakspfeifen zwischen den gelben Zähnen hervor und hielten sie respektvoll in den Händen. Hie und da wandte sich ein Frauenzimmer, um sich zu schneuzen.«

Bahnwärter Thiel, Reclam XL, S. 39.

Arbeitsaufträge:

- Beschreiben Sie in Ihrem Stationenheft, inwiefern hier Aspekte der Industrialisierung abgebildet werden.
- Der Mensch ist ein Produkt von Milieu und Vererbung – erläutern Sie, wo dieses Menschenbild im *Bahnwärter Thiel* realisiert wird.

Station 5

Merkmale des Naturalismus: Darstellung des Hässlichen

1. Conrad Alberti: *Natur und Kunst* – die Idee einer »neuen Ästhetik«

»Die alte Ästhetik, wie wir sie alle in Hörsälen und aus Büchern gekannt haben, ging aus von dem Begriff der absoluten Schönheit. Man bemühte sich festzustellen: was ist unter allen Umständen schön? Wo findet sich dieses Schöne in der Natur? wo im menschlichen Empfindungsleben? Welche Verwandlungen, Verkleidungen, Mischungen kann das Schöne vornehmen? Was ist unter allen Umständen häßlich? Welche Zwischenstufen liegen zwischen dem Schönen und dem Häßlichen? Wenn man dies nach diesem vorher festgestellten Schema untersucht, wenn man bewiesen hatte, was man beweisen wollte, wenn man womöglich eine fortlaufende Reihe solcher Zwischenstufen (z. B. das Erhabene, das Groteske, das Anmutige, das Reizende u. a.) aufgezählt hatte, so glaubte man wirklich eine Ästhetik geschrieben [zu] haben. Welch rührende Selbstgenügsamkeit! […] Das A und O aber, das allen gemeinsame, war, daß der Begriff der Schönheit etwas Unveränderliches, ewig Feststehendes, Absolutes sei, daß das ästhetische Ideal in lauterster Reinheit irgendwo existiere: auf dem Monde, im Himmel – nach Baumgarten sogar im lieben Gott selbst –, in Wolkenkuckucksheim, Nirwana oder sonstwo.

Aber eine solche Lehre ist falsch […]. Die alte Ästhetik kommt mit dem fertigen metaphysischen Ideal in die Welt der Kunst herein und misst darnach die reale Kunst, überall tadelnd und nörgelnd. Die neue entwickelt den Begriff, das Wesen, das Ideal des Kunstwerks aus den vorhandenen wirklichen und untersucht die Bedingungen seines Entstehens und seiner Wirkung. Die alte Ästhetik ist die Lehre vom Schönen, die neue die Lehre vom Künstlerischen. Die Begriffe schön und häßlich in ihrer leeren Unbestimmtheit existieren für die neue Ästhetik überhaupt nicht mehr, sondern nur die Gegenpole künstlerisch und unkünstlerisch, und damit erscheint auch der Sinn des Wortes ›Ästhetik‹ viel richtiger getroffen.«

Conrad Alberti: Natur und Kunst. Beiträge zur Untersuchung ihres gegenseitigen Verhältnisses. Leipzig: Friedrich, [1890]. S. 4 f., 11.

Arbeitsauftrag:

Übernehmen Sie den zentralen Satz aus dem Textauszug in Ihr Stationenheft.

2. Verwirklichung der »neuen Ästhetik« bei Arno Holz

Wilhelm Raabe (1831–1910), Erzähler und Dichter des poetischen Realismus:

Es ist ein eigen Ding
Zu sitzen und zu lauschen
Wenn draußen vor der Tür
Die schwarzen Tannen rauschen
Wenn Tropf auf Tropfen klingt
Hernieder von dem Dach
Und jeder leise Klang
Ein altes Bild ruft wach [...].
Das Feuer schilt und murrt
Im Winkel pickt die Uhr
Träumend der Jagdhund knurrt
Verweht wird jede Spur
Von deinem Fuß da drauß
Da draußen in dem Schnee
Nun ist die Welt dein Haus

Wilhelm Raabe: Sämtliche Werke. Bd. 20. Bearb. von Karl Hoppe.
Göttingen: Vandenhoeck & Ruprecht, 1968. S. 397.

Friedrich Hebbel (1813–1863), Dramatiker und Dichter des Realismus:

Der Maurer schreitet frisch heraus,
Er soll dich niederbrechen;
Da ist es mir, du altes Haus,
Als hörte ich dich sprechen:
»Wie magst du mich, das lange Jahr'
Der Lieb' und Eintracht Tempel war,
Wie magst du mich zerstören? [...]

Und hab' ich denn nicht manchen Saal
Und manch geräumig Zimmer?
Und glänzt nicht festlich mein Portal
In alter Pracht noch immer?
Noch jedem hat's in mir behagt,
Kein Glücklicher hat sich beklagt,
Ich sei zu klein gewesen. [...]«

Friedrich Hebbel's sämmtliche Werke. Bd. 7.
Hamburg: Hoffmann und Campe, 1867. S. 204, 206.

Arno Holz (1863–1929), Dichter des Naturalismus:

Ihr Dach stieß fast bis an die Sterne,
vom Hof her stampfte die Fabrik,
es war die richtge Mietskaserne,
mit Flur- und Leiermannsmusik!
Im Keller nistete die Ratte,
parterre gabs Branntwein, Grog und Bier,
und bis ins fünfte Stockwerk hatte
das Vorstadtelend sein Quartier.

Arno Holz: Phantasus. In: Werke. Hrsg. von Wilhelm Emrich und Anita Holz. Bd. 5. Neuwied: Luchterhand, 1962. S. 79f.

Arbeitsauftrag:

Vergleichen Sie die drei Gedichte! Beschreiben Sie in Ihrem Stationenheft, wie Arno Holz in seinem Text die »neue Ästhetik« (vgl. Station 5) im Gegensatz zu den Texten des Realismus verwirklicht.

3. Textbeispiele aus dem *Bahnwärter Thiel*

Arbeitsauftrag:

Finden Sie fünf Textbeispiele im *Bahnwärter Thiel*, die dieser Ästhetik entsprechen. Notieren Sie jeweils ein passendes Zitat daraus in Ihrem Stationenheft.

Vertiefende Aufgaben

Station 1

Beschreiben Sie die zeitgeschichtliche Entwicklung der letzten zwanzig Jahre.
Welche Themen sind besonders relevant?
Welche wissenschaftlichen/technischen Neuerungen gibt es?
Wie sind die Lebensbedingungen der Menschen heute?

Station 2

Welche wissenschaftlichen und gesellschaftlichen Veränderungen beeinflussen das Welt- und Menschenbild heute, im 21. Jahrhundert, am meisten? Entwerfen Sie, darauf aufbauend, Ideen für eine heute zeitgemäße, »moderne« Dichtung.

Station 3

Über allen Gipfeln
Ist Ruh,
In allen Wipfeln
Spürest Du
Kaum einen Hauch;
Die Vögelein schweigen im Walde.
Warte nur! Balde
Ruhest du auch.

Reclams großes Buch der deutschen Gedichte.
Ausgew. und hrsg. von Heinrich Detering. Stuttgart: Reclam, 2007. S. 239.

Schreiben Sie das Gedicht in einen Text über einen Waldspaziergang um, der im Sekundenstil formuliert ist.

Station 4

Auch heute noch wird diskutiert, inwieweit der Mensch durch seine Erbanlagen determiniert ist und welche Rolle das Lebensumfeld, also das Milieu, und die Erziehung spielen. Entwickeln Sie dazu eine persönliche Meinung auf der Basis selbst recherchierter Fakten. Kommen Sie mit anderen darüber ins Gespräch.

Station 5

Schreiben Sie einen Text, der sich intensiv mit der Darstellung des Hässlichen aus Ihrer persönlichen Lebensumwelt beschäftigt.

Dabei können Sie äußere (Städtebau, Schulgebäude, Natur und Umwelt usw.) oder innere Faktoren (Ausleben von Gewalt, Rassismus, Leben in Armut usw.) beschreiben.

10 Alles aussteigen, bitte: Endstation Irrenhaus Die Entwicklung der Person Thiel realisieren

Sachanalyse

In einer frühen Rezension bespricht Felix Hollaender 1892 die novellistische Studie und geht dabei besonders auf die Person des Bahnwärters ein: »In dieser Kontrastierung grober Sinnlichkeit und übergeistiger, fast religiöser Liebe, die in mystische Stimmung überschlägt, liegt der Novelle Eigenart. [...] Nur darauf möchte ich noch ein besonderes Gewicht legen, von wie vielen Seiten die Figur betrachtet ist, und wie durch die vorangegangenen seelischen Erregungen das tragische Ende des armen Kerls psychologisch begründet ist.«[1]

Die Figur des Thiel wird als eine sehr schlichte Person gestaltet, die kaum über reflexive oder metakognitive Fähigkeiten verfügt. Sprach- und kontaktarm wird Thiel gelenkt von unhinterfragten Wünschen, Trieben, Impulsen. Lothar Wiese stellt fest, dass »Hauptmann an seinem Protagonisten aufzeigt, [was] Freuds spätere Erkenntnis vorweg[nimmt], dass das Ich wenig Einsicht in die eigenen Motive und Handlungen hat und das Unbewusste das Bewusste stark beeinflusst.«[2] Die vielseitige Betrachtung des Protagonisten nimmt insofern der Erzähler vor, der die Figur einleitend bewertet und »sie auch weiterhin auf eine sehr indirekte Weise mit seiner Perspektive und Sprache«[3] erklärt. Diese einleitende Bewertung stellt einen braven Mann vor. Thiel wird als zuverlässiger Kirchgänger (S. 3), treuer Ehemann (ebd.), fürsorglicher Vater (S. 12) und pflichtbewusster Arbeiter, der seinen Aufgaben »mechanisch« (S. 18) nachgeht, beschrieben. Körperlich ist er gesund (S. 3) und stark, mit herkulischer Gestalt und breitem Nacken (S. 3f.). Charakterlich wird er als phlegmatisch (S. 6) beschrieben. Typisch für ihn ist auch seine Ordnungsliebe, die sich etwa in seinem gepflegten Äußeren, den blank geputzten Uniformknöpfen und den militärisch gescheitelten roten Haaren (S. 4) widerspiegelt. Eine fast zwanghafte Ordnung bringt er auch in seinen Tagesablauf, den er – mit seit Jahren geregelten, in stets gleicher Reihenfolge ablaufenden Handgriffen – pedantisch strukturiert (S. 13). Daneben zeichnet ihn sein »kindgutes, nachgiebiges Wesen« (S. 6) aus, er blüht besonders im Umgang mit Kindern auf (S. 12).

Letzten Endes zeigt er jedoch einen schwachen Charakter und kann sich gegen die Herrschsucht seiner zweiten Frau nicht durchsetzen. Dazu kommt eine gewisse sexuelle Hörigkeit, die ihn in dem entscheidenden Moment, als er sich für seinen Sohn einsetzen müsste, willensschwach macht: In dieser detailliert erzählten Schlüsselszene (S. 14ff.) »kündigt sich bereits ein geheimes Gewaltpotenzial in ihm an, das sich im Muskelspiel, im Ballen der Faust [...] und im Mienenspiel [...] andeutet. [...] Thiel verrät hier nicht nur Tobias, sondern auch den noch intakten moralischen Kern seines Wesens.«[4] Als das Refugium des Guten in ihm, das Gedenken an Minna, symbolisiert durch die Waldeinsamkeit des Wärterhäuschens, von Lene okkupiert wird, bricht sein inneres Ordnungssystem endgültig zusammen. Hollaender schreibt dazu: »Man fühlt, daß das Bahnunglück, das zu dem ein wenig sensationellen Schlusse führt, nur der äußere Anlaß ist, man fühlt, daß irgendein Ereignis eintreten muß, um die tragische Katastrophe herbeizuführen.«[5] Im Moment dieser Katastrophe implodiert das System: Thiel ist hin- und hergerissen, ob er seinen verunglückten Sohn begleiten oder dafür sorgen soll, dass seine Dienststelle nicht unbesetzt bleibt, und entscheidet sich für die berufliche Pflicht. Er bricht aber, obwohl er äußerlich an seinen gewohnten Strukturen festhalten will, trotzdem aus der Ordnung, er fällt »auf die Erde, das Gesicht voran« (S. 35). Seine Uhr zerbricht, damit auch der Taktgeber dieser Strukturen, Thiel fällt quasi aus der Zeit. Er bricht dann später ein weiteres Mal zusammen, flüchtet sich vor dem Grauen in die Bewusstlosigkeit (S. 40). In der Erzählung wird dann die Mordtat an Lene und dem Baby übersprungen, das nächste Mal erlebt man den sprachlosen Mörder am Unglücksort, die letzten beiden Eigenschaften, die ihm zugesprochen werden, sind »Sorgfalt und Zärtlichkeit« (S. 43).

1 Felix Hollaender, »Hauptmann und Sudermann als Novellisten«, in: *Freie Bühne für den Entwicklungskampf der Zeit* 3, 1892, S. 769.
2 Lothar Wiese, *Gerhart Hauptmann. Bahnwärter Thiel*, München/Düsseldorf/Stuttgart 2007, S. 18.
3 Ebd.
4 Ebd., S. 19.
5 Hollaender (Anm. 1), S. 769.

Unterrichtsverlauf

Überblick. Die Schülerinnen und Schüler gewinnen anhand eines DVD-Covers einen visuellen Eindruck der Person Thiels und setzen sich mit ihren eigenen Vorstellungen auseinander. Sie nehmen auf der Basis einer Textanalyse die Entwicklung der Figur bewusst wahr und illustrieren diese mittels eines Comics.

Phase	Thema	Sozialform	Kompetenzen/Lernziele	Materialien
10.1	Einstieg: Filmplakat deuten	UG	• Vorstellung zur Person Thiel aktivieren	VORLAGE 10 ➤ S. 81
10.2	Erarbeitung: Schlüsselstellen zur Entwicklung Thiels im Text suchen	EA / PA	• Die Entwicklung Thiels realisieren	ARBEITSBLATT 10 ➤ S. 82
10.3	Umsetzung im Comic: Die Entwicklung Thiels vom braven Familienvater zum wahnsinnigen Mörder	EA / GA	• Verständnis für die Person Thiels entwickeln durch Erstellung eines Comics • Kreativität entwickeln	ARBEITSBLATT 10 ➤ S. 82 Internetzugang
10.4	Sicherung: Präsentation der Comics	UG	• Arbeitsergebnisse überprüfen und würdigen	

10.1 Einstieg: Filmplakat deuten

UG

VORLAGE 10 ➤ S. 81

Unterrichtsschritt. Die Lernenden setzen sich mit der Verbildlichung der Figur Thiels anhand der VORLAGE 10 ***DVD-Cover »Bahnwärter Thiel«*** (zum Spielfilm, im Auftrag des Fernsehens der DDR 1982 hergestellt von der DEFA, Regie Hans-Joachim Kasprzik) auseinander und vergleichen sie mit ihren eigenen Vorstellungen.

10.2 Erarbeitung: Schlüsselstellen zur Entwicklung Thiels im Text suchen

EA / PA

ARBEITSBLATT 10 ➤ S. 82

Unterrichtsschritt. Die Schülerinnen und Schüler suchen in ihrer Textausgabe des *Bahnwärter Thiel* Schlüsselstellen, die die Entwicklung Thiels vom braven Familienvater zum wahnsinnigen Mörder illustrieren (ARBEITSBLATT 10 ***Die Entwicklung Thiels***, Arbeitsauftrag 1).

Erläuterungen. Die Textarbeit kann in Einzel- oder Partnerarbeit durchgeführt werden. Möglicherweise wird ARBEITSBLATT 10 zweimal angeboten, so dass die Lernenden die Ergebnisse der Textarbeit auf dem ersten Exemplar notieren können. Ergänzend bzw. differenzierend kann man anregen, Schlüsselsätze zu notieren, die dann im Comic (Unterrichtsschritt 10.3) als Sprechblasen verwendet werden können.

Erwartungshorizont:

1. Charakterisierung Thiels als gottesfürchtiger, braver Ehemann: S. 3 / alternativ: Charakterisierung Thiels als liebevoller Vater: S. 12
2. Thiels Verehrung seiner verstorbenen Frau in der Waldeinsamkeit: S. 7 f.
3. Thiel versagt Tobias seine Hilfe gegen Lenes Übergriffe: S. 14 f.
4. Lene dringt in Thiels Refugium ein: S. 31 / alternativ: Tobias verunglückt: S. 32 f.
5. Thiel ermordet Lene und das Baby: S. 42 / alternativ: Thiel verfällt dem Wahnsinn: S. 43

VORLAGE 10

DVD-Cover *Bahnwärter Thiel*

DVD-Cover zum Film *Bahnwärter Thiel*, Regie: Hans-Joachim Kasprzik, DDR 1982

10.3 Umsetzung im Comic: Die Entwicklung Thiels vom braven Familienvater zum wahnsinnigen Mörder

Unterrichtsschritt. Die Schülerinnen und Schüler zeichnen die ausgewählten Szenen als Comic (ARBEITSBLATT 10, Arbeitsauftrag 2). EA / GA

ARBEITSBLATT 10 ➤ S. 82 Internetzugang

Erläuterungen. Da es hier um eine Förderung der Imagination und Kreativität gehen soll, kann man den Lernenden viel Freiheit in der Umsetzung zugestehen. So können sie etwa eigene Vorlagen für den Comic entwerfen, diesen auch umfangreicher gestalten, möglicherweise mit unterschiedlichen Farben kolorieren usw.

Auch eine Gestaltung online ist möglich, Vorlagen zum Comiczeichnen werden, auch kostenfrei, im Internet angeboten, vgl. z. B.:

- https://wb-web.de/material/medien/zehn-tools-zur-gestaltung-von-comics-und-cartoons.html.

10.4 Sicherung: Präsentation der Comics

Unterrichtsschritt. Die Schülerinnen und Schüler stellen ihre Arbeitsergebnisse vor und geben einander eine konstruktive Rückmeldung, mit Lob und konkreten Verbesserungsvorschlägen. UG

Die Entwicklung Thiels

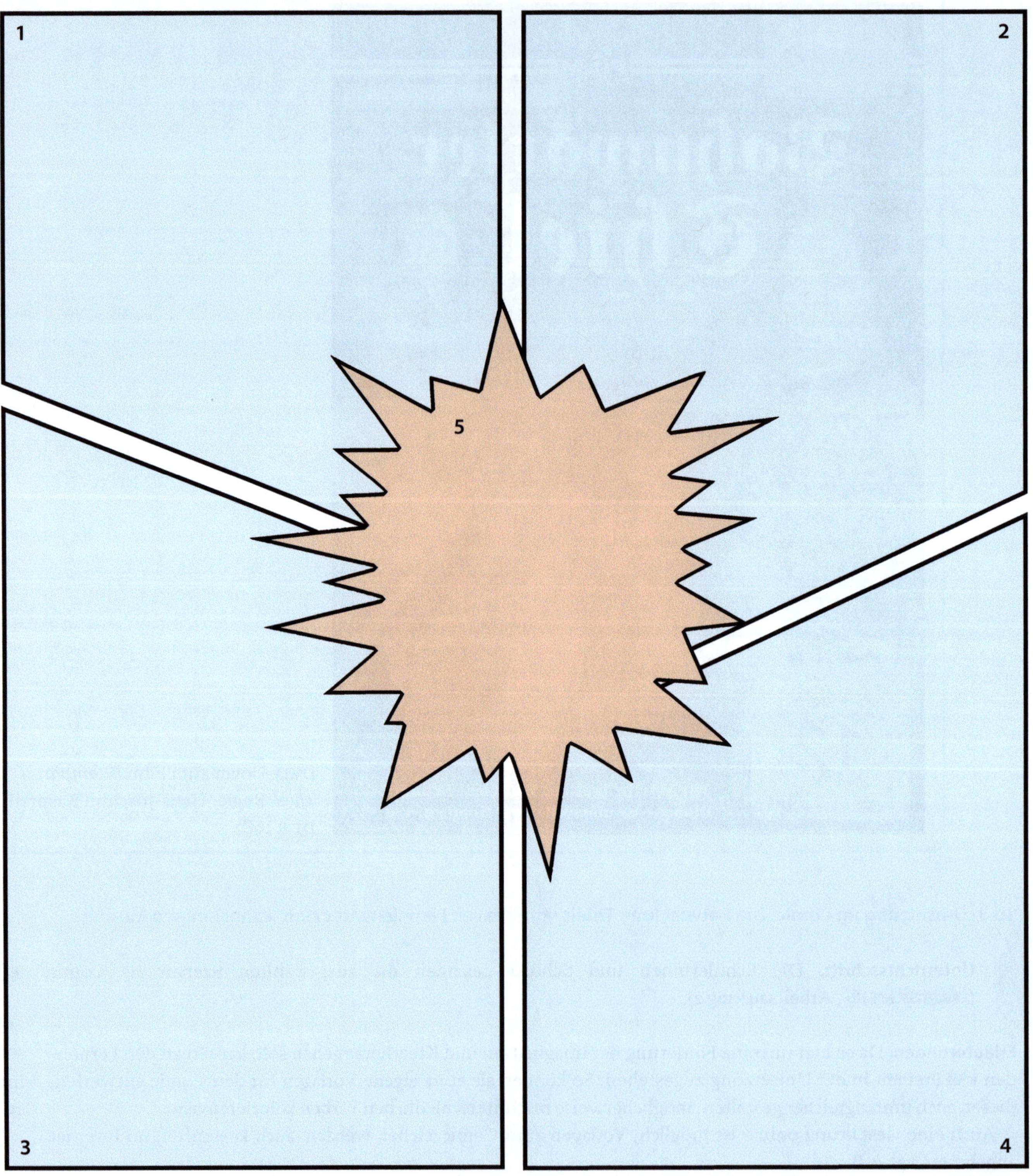

Arbeitsaufträge:

1. Suchen Sie allein oder mit einem Partner im *Bahnwärter Thiel* fünf Schlüsselstellen, die die Entwicklung Thiels vom braven Familienvater zum wahnsinnigen Mörder illustrieren.
2. Gestalten Sie einen Comic auf dem Arbeitsblatt, der diese Entwicklung deutlich macht.
   Hinweise: Sie können auch eigene Rahmen/Kästen zeichnen und deren Anzahl, Größe, Anordnung variieren. Wenn Sie nicht gut Figuren zeichnen können, können Sie sich auch auf Strichmännchen beschränken oder ein Webtool verwenden.

11 Klausurvorschläge mit Lösungshinweisen: Erschließung und Interpretation eines poetischen Textes

Die erste vorgestellte Klausuraufgabe ist als Übungsaufgabe gedacht. Gemäß den Forschungen zum Schreibprozess sollen die Schülerinnen und Schüler den Text zunächst planen, die Planung soll in eine fundierte Gliederung münden. Es ist auch möglich, diesen Schritt in Partner- oder Gruppenarbeit durchzuführen.

Nach dem Verfassen des Erstentwurfs können die Lernenden ihren eigenen Text – ggf. auch wieder in Partner- oder Gruppenarbeit – korrigieren und überarbeiten. Dazu dient die hier vorliegende »Checkliste«.

Sollte die Aufgabe als Prüfungsaufgabe gestellt werden, kann die Checkliste auch als Erwartungshorizont dienen. Wie der Aufgabentyp ausformuliert gestaltet werden könnte, wird in Beispiel 11.2 vorgestellt.

11.1 Übungsaufgabe

Klausuraufgabe

1. Erschließen und interpretieren Sie die folgenden Textausschnitte (*Bahnwärter Thiel*, Reclam XL, S. 7 und S. 16 f.). Verdeutlichen Sie dabei auch die Darstellung der Geschlechterrollen.
2. Zeigen Sie ausgehend von Ihren Ergebnissen auf, wie das Frauenbild Thiels zu seiner Entwicklung zum wahnsinnigen Mörder beiträgt.
(Die Textausgabe kann mit herangezogen werden.)

Textausschnitt 1

Im Dunkel jedoch, wenn der Schneesturm durch die Kiefern und über die Strecke raste, in tiefer Mitternacht beim Scheine seiner Laterne, da wurde das Wärterhäuschen zur Kapelle.

Eine verblichene Photographie der Verstorbenen vor sich auf dem Tisch, Gesangbuch und Bibel aufgeschlagen, las und sang er abwechselnd die lange Nacht hindurch, nur von den in Zwischenräumen vorbeitobenden Bahnzügen unterbrochen, und geriet hierbei in eine Ekstase, die sich zu Gesichten steigerte, in denen er die Tote leibhaftig vor sich sah.

Textausschnitt 2

In diesem Augenblick öffnete Thiel die Tür des Wohnzimmers, weshalb der erschrockenen Frau das Ende des begonnenen Satzes in der Kehle stecken blieb. Sie war kreidebleich vor Zorn; ihre Lippen zuckten bösartig [...]. Sekundenlang spielte sein Blick über den starken Gliedmaßen seines Weibes, das, mit abgewandtem Gesicht herumhantierend, noch immer nach Fassung suchte. Ihre vollen, halbnackten Brüste blähten sich vor Erregung und drohten das Mieder zu sprengen, und ihre aufgerafften Röcke ließen die breiten Hüften noch breiter erscheinen. Eine Kraft schien von dem Weibe auszugehen, unbezwingbar, unentrinnbar, der Thiel sich nicht gewachsen fühlte.

Lösungshinweise: Checkliste für eine Überarbeitung

1. Einleitung	**1. Einleitung** • Autor, Titel, Textart • Thema/These in einem Übersichtssatz, z. B.: *Das antiquierte Konzept der Frauenrollen als »Heilige« und »Hure« trägt zur Entwicklung des braven Familienvaters Thiel zum wahnsinnigen Mörder bei.*

2. Erschließung der Textausschnitte

2. Erschließung der Textausschnitte

2.1. Thiel verehrt, wie in einer Andacht, seine verstorbene Frau als Heilige (S. 7)

2.1.1. Inhaltliche Einordnung der Sequenz

- Vorgeschichte: Thiels erste Ehe mit Minna
  - der Name »Minna« erinnert an die mittelalterliche »hohe Minne«
  - Beschreibung von Minna als »schmächtiges, kränklich aussehendes Frauenzimmer« und »junges, zartes Weib« (S. 3)
  - früher Tod nach zwei Jahren Ehe
- Thiel an seinem Arbeitsplatz:
  - Thiel hält seine zweite Frau vom seinem »einsamen Posten inmitten des märkischen Kiefernforstes fern« (S. 6)
  - diesen widmet er ausschließlich den »Manen der Toten« (S. 7)
- nach der Andacht tritt er den Heimweg an
  - häufig mit »leidenschaftlicher Hast« (S. 6)
  - er sieht diesen Zustand aber oft »im Lichte der Wahrheit« und empfindet davor Ekel (S. 7)

2.1.2. Erzählperspektive und Aufbau

- auktorialer Erzähler nähert sich von außen, Blick auf Thiel wird zunehmend intimer
- Raumgestaltung: Waldeinsamkeit; unwirtliches Außen mit Schneesturm und tosenden Zügen und heimeliges Innen mit Kerzenschein
- Zeitgestaltung: Unterscheidung zwischen Tag- und Nachtdienst: nachts geht die Verehrung der Toten weit über »liebe Erinnerungen« hinaus
- Beschreibung von Thiels Tätigkeiten: er liest, singt, gerät in Ekstase
- die Steigerung – tagsüber liebe Erinnerungen, nachts Verehrung – wird unterbrochen von den Nachtzügen, so dass Arbeit/Technik und die Andacht an die Tote eng miteinander verbunden sind

2.1.3. Sprachliche Gestaltung

- kontrastive Darstellungen von *außen* und *innen* erhöht den Grad der Intimität im Inneren (des Raums / der Person Thiels):
  - Parallelismus: *im Dunkeln / in tiefer Mitternacht:* draußen wird es zunehmend dunkler
  - Kontrast dazu: drinnen sitzt Thiel *beim Scheine seiner Laterne* – dies ist auf der Oberflächenebene das Tertium comparationis des Vergleichs Wärterhäuschen – Kapelle, der überleitet zu einer
  - Klimax des Religiösen: Lesen der Bibel – Singen religiöser Lieder – Ekstase mit Gesichten – leibhaftige Erscheinung der Toten
  - sakrale »Accessoires«: Fotografie, Bibel, Gesangbuch
  - Kontrast zu den sakralen Elementen sind die dämonischen Aspekte der Technik, die »vorbeitobenden Bahnzüge[]« (S. 7), die die Andacht unterbrechen, was jedoch durch den hypotaktischen Satzbau eher beiläufig wirkt (weil es an dieser Stelle für Thiel nicht so wichtig ist)

2.2. Thiels Begehren seiner zweiten Frau verdrängt moralische Überlegungen (S. 16 f.)

2.2.1. Inhaltliche Einordnung der Sequenz

- Vorgeschichte: Thiels zweite Ehe mit Lene
  - der Name Lene erinnert an die sagenhafte Helena
  - Beschreibung von Lene als »dickes, starkes Frauenzimmer« mit grob geschnittenem Gesicht (S. 4 f.)
  - Charakterisierung als »unverwüstliche Arbeiterin«, »mustergültige Wirtschafterin« mit herrschsüchtiger Gemütsart (ebd.)
  - Motivation zur Ehe: Thiel sucht Ersatzmutter für Tobias
- Thiel kommt unerwartet früh nach Hause
  - kehrt auf dem Arbeitsweg um, weil er sein Butterbrot vergessen hat (S. 14)
  - hört schon von fern, wie seine Frau Tobias ausschimpft und schlägt (S. 15)

- nach der Szene geht Thiel zur Arbeit
  - nimmt das vergessene Butterbrot und hält es als Erklärung hoch
  - geht, ohne ein Wort mit Lene oder Tobias zu wechseln
  - kommt zu spät zur Arbeit und flüchtet sich dort in seine Alltagsroutine (S. 17 f.)

2.2.2. Erzählperspektive und Aufbau

- auktorialer Erzähler nimmt überwiegend Standpunkt und Sichtweise Thiels ein
- Raumgestaltung: Blickrichtung Thiels geht durch die Tür ins Wohnzimmer; raumgreifend steht Lene in einer als überwältigend geschilderten Körperlichkeit im Mittelpunkt
- Zeitgestaltung: Zeitdehnung – durch Thiels Beobachtungen und Überlegungen ist die erzählte Zeit vermutlich kürzer als die Erzählzeit
- Aufbau folgt dem Weg Thiels vom Arbeitsweg, zurück zum Haus ins Wohnzimmer und zurück Richtung Wärterhäuschen; Konflikt bahnt sich durch Thiels akustische Wahrnehmungen bereits vor der Konfrontation im Haus an, der Höhepunkt ist dann im Wohnzimmer

2.2.3. Sprachliche Gestaltung

- Schwerpunkt liegt auf der Beschreibung von Lene
  - beginnend mit Attributen, die ihre aktuelle Verfassung bestimmen (erschrocken durch das Eindringen Thiels; zornig auf Tobias; bösartig in ihrem Zorn; später fassungslos)
  - dann Blick Thiels auf die sexualisierte Körperlichkeit Lenes (volle Brüste, breite Hüften)
  - endlich die Beschreibung der bezwingenden Wirkung der Frau (mental und körperlich) auf Thiel
- auffällig sind die zahlreichen, farbigen Adjektive (14 von 93 Wörtern in Textausschnitt 2 sind Adjektive), die sich ausschließlich auf Lene beziehen

2.3. Vergleich der beiden Szenen

2.3.1. Die Frau im Wald und die Frau im Haus: Verortung des Weiblichen

- Minna besetzt sakrale Orte:
  - eingeführt wird sie in der Kirche
  - später begegnet Thiel ihr auf seinem »einsamen Posten« in der Natur
  - durch sie wird das Wärterhäuschen zur Kapelle
- Lene herrscht über Haus und Hof
  - dominiert physisch und psychisch das Thielsche Häuschen
  - ihre Körperlichkeit füllt das Wohnzimmer
  - über den Kartoffelacker dringt sie in Thiels Waldeinsamkeit vor

2.3.2. Darstellung von Minna und Lene

- beide sind äußerlich bewusst gegensätzlich gezeichnet:
  - zart vs. robust
  - ein fein gezeichnetes vs. ein grobes Gesicht
  - kränklich vs. unverwüstlich
- auch charakterlich konträr beschrieben:
  - vergeistigt vs. triebhaft
  - still vs. herrschsüchtig

2.3.3. Heilige und Hure – das schematisierte Frauenbild Thiels

- die Verstorbene wird von Thiel in ihrer Mutterrolle heroisiert
- sie repräsentiert für ihn den Bereich der moralischen Werte
- sie wird posthum zur Heiligen stilisiert
- Lene spricht in ihrer animalischen Körperlichkeit Thiels niedere Triebe an
- er fühlt sich diesen und damit ihr ausgeliefert
- er kann/will ihrer herrschsüchtigen Persönlichkeit nichts entgegensetzen

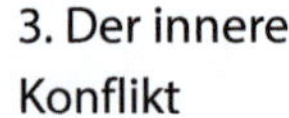

3. Der innere Konflikt

3. Der innere Konflikt von Moral und sexuellen Trieben führt Thiel in den Wahn

- Thiel trennt innerlich die »Heilige«, d.h. die gute, christliche, keusche Mutter, die gleichzeitig für seine persönlichen moralischen Werte steht, von der »Hure«, der sexualisierten Frau, die auch seine Triebe symbolisiert
- er lebt diese Trennung, indem er sie räumlich nachvollzieht: hier das Refugium des Guten in ihm, das Gedenken an Minna, symbolisiert durch die Waldeinsamkeit des Wärterhäuschens, dort das Haus im Dorf, in dem er seine Sexualität mit Lene auslebt
- in Textausschnitt 2 verrät er Tobias und ebenso den noch intakten moralischen Kern seines Wesens, weil er sich der körperlichen und geistigen Präsenz Lenes nicht entziehen kann/will
- als das Wärterhäuschen von Lene okkupiert wird, bricht sein inneres Ordnungssystem endgültig zusammen: Es treibt ihn in den Wahn

4. Schluss

4. Schluss

- Satz: *Das schlichte, dichotome Frauenbild ist eine wichtige Ursache für die Entwicklung Thiels.*

11.2 Ausgearbeitetes Beispiel

Klausuraufgabe

1. Erschließen und interpretieren Sie die folgenden Textausschnitte (*Bahnwärter Thiel*, Reclam XL, S. 19 und S. 29 f.). Verdeutlichen Sie dabei die Gestaltung von Stimmungen im Kontext der Naturdarstellung.
2. Zeigen Sie ausgehend von Ihren Ergebnissen knapp auf, welche Rolle die Beschreibung der Natur im Gesamtwerk einnimmt!
   (Die Textausgabe kann mit herangezogen werden.)

Textausschnitt 1

Die Sonne, welche soeben unter dem Rande mächtiger Wolken herabhing, um in das schwarzgrüne Wipfelmeer zu versinken, goss Ströme von Purpur über den Forst. Die Säulenarkaden der Kiefernstämme jenseits des Dammes entzündeten sich gleichsam von innen heraus und glühten wie Eisen.

Auch die Geleise begannen zu glühen, feurigen Schlangen gleich, aber sie erloschen zuerst; und nun stieg die Glut langsam vom Erdboden in die Höhe, erst die Schäfte der Kiefern, weiter den größten Teil ihrer Kronen in kaltem Verwesungslichte zurücklassend, zuletzt nur noch den äußersten Rand der Wipfel mit einem rötlichen Schimmer streifend. Lautlos und feierlich vollzog sich das erhabene Schauspiel. Der Wärter stand noch immer regungslos an der Barriere, endlich trat er einen Schritt vor. Ein dunkler Punkt am Horizonte, da wo die Geleise sich trafen, vergrößerte sich. Von Sekunde zu Sekunde wachsend, schien er doch auf einer Stelle zu stehen. Plötzlich bekam er Bewegung und näherte sich. Durch die Geleise ging ein Vibrieren und Summen, ein rhythmisches Geklirr, ein dumpfes Getöse, das, lauter und lauter werdend, zuletzt den Hufschlägen eines heranbrausenden Reitergeschwaders nicht unähnlich war.

Ein Keuchen und Brausen schwoll stoßweise fernher durch die Luft. Dann plötzlich zerriss die Stille. Ein rasendes Tosen und Toben erfüllte den Raum, die Geleise bogen sich, die Erde zitterte – ein starker Luftdruck – eine Wolke von Staub, Dampf und Qualm, und das schwarze, schnaubende Ungetüm war vorüber. So wie sie anwuchsen, starben nach und nach die Geräusche. Der Dunst verzog sich. Zum Punkte eingeschrumpft schwand der Zug in der Ferne, und das alte heil'ge Schweigen schlug über dem Waldwinkel zusammen.

Textausschnitt 2

Oft blieb er, Tobiaschen an der Hand, stehen, um den wunderbaren Lauten zu lauschen, die aus dem Holze [der Telegraphenstangen] wie sonore Choräle aus dem Innern einer Kirche hervorströmten. Die Stange am Südende des Reviers hatte einen besonders vollen und schönen Akkord. Es war ein Gewühl von Tönen in ihrem Innern, die ohne Unterbrechung gleichsam in einem Atem fortklangen, und Tobias lief rings um das verwitterte Holz, um, wie er glaubte, durch eine Öffnung die Urheber des lieblichen Getöns zu entdecken. Der Wärter wurde weihevoll gestimmt, ähnlich wie in der Kirche. Zudem unterschied er mit der Zeit eine Stimme, die ihn an seine verstorbene Frau erinnerte. Er stellte sich vor, es sei ein Chor seliger Geister, in den sie ja auch ihre Stimme mische, und diese Vorstellung erweckte in ihm eine Sehnsucht, eine Rührung bis zu Tränen.

Tobias verlangte nach den Blumen, die seitab im Birkenwäldchen standen, und Thiel, wie immer, gab ihm nach.

Stücke blauen Himmels schienen auf den Boden des Haines herabgesunken, so wunderbar dicht standen kleine blaue Blüten darauf. Farbigen Wimpeln gleich flatterten und gaukelten die Schmetterlinge lautlos zwischen dem leuchtenden Weiß der Stämme, indes durch die zartgrünen Blätterwolken der Birkenkronen ein sanftes Rieseln ging.

Tobias rupfte Blumen, und der Vater schaute ihm sinnend zu. Zuweilen auch erhob sich auch der Blick des Letzteren und suchte durch die Lücken der Blätter den Himmel, der wie eine riesige, makellos blaue Kristallschale das Goldlicht der Sonne auffing.

Lösungsvorschlag

Gliederung

1. Einleitung
   2. Erschließung der Textausschnitte
      2.1. Der Zug aus Breslau durchquert den Bahnübergang (S. 19)
         2.1.1. Inhaltliche Einordnung der Sequenz
         2.1.2. Erzählperspektive und Aufbau
         2.1.3. Sprachliche Gestaltung
      2.2. Thiel geht mit Tobias die Bahnstrecke entlang (S. 29)
         2.2.1. Inhaltliche Einordnung der Sequenz
         2.2.2. Erzählperspektive und Aufbau
         2.2.3. Sprachliche Gestaltung
      2.3. Vergleich der beiden Szenen
         2.3.1. Darstellung von Natur und Technik
         2.3.2. Gestaltung von Stimmungen
3. Die Rolle der Naturdarstellung im Gesamtwerk
4. Schluss

1. Einleitung

Gerhart Hauptmanns »novellistische Studie« *Bahnwärter Thiel* spielt sich im Spannungsfeld von seinem Privatraum ab, dem Häuschen im Dorf Schön-Schornstein, und seinem Berufsraum, dem Bahnwärterhäuschen in den märkischen Kiefernforsten. Der Wald, der die beiden Orte zugleich trennt und verbindet, wird von zwei Komponenten bestimmt, der unberührten Natur und der diese durchschneidenden Technik, der Eisenbahn(linie) – zwei zentrale Elemente in der Gestaltung der Novelle. In den beiden vorliegenden Textausschnitten werden diese Elemente prominent aufgegriffen.

2. Erschließung der Textausschnitte

2.1. Der Zug aus Breslau durchquert den Bahnübergang (S. 19)

2.1.1. Inhaltliche Einordnung der Sequenz

Die Sequenz fügt sich in die Schilderung eines Arbeitstages Thiels, der damit beginnt, dass er seine Brotzeit vergessen hat und auf seinem Arbeitsweg umkehrt, um diese noch zu holen. Durch sein unerwartetes Erscheinen zu Hause gewinnt er einen Einblick, wie seine zweite Frau Lene ihren Stiefsohn Tobias misshandelt, ist aber von ihrer körperlichen Präsenz so überwältigt, dass er sich schweigend das vergessene Brot nimmt und geht, ohne sich für Tobias einzusetzen.

Tief in Gedanken versunken, kommt er zu spät zu seinem Arbeitsplatz. Nachdem er seinen Vorgänger abgelöst hat, sucht er sein inneres Gleichgewicht wiederzufinden, indem er seine gewohnte Alltagsroutine wiederaufnimmt, seinen Arbeitsplatz systematisch und ordentlich herrichtet und den Bahnübergang in aller Ruhe für den Zug vorbereitet. Als dies geschehen ist, »lehnte [er] jetzt wartend an der schwarzweißen Sperrstange« (S. 19). Im Anschluss an diese Szene wird sich Thiel bewusst, was es für ihn bedeutet, wenn Lene wegen des Kartoffelackers in sein Refugium eindringt, und er flüchtet sich in den Gedanken an Minna.

2.1.2. Erzählperspektive und Aufbau

Der allwissende Erzähler nimmt zusammen mit Thiel dessen beobachtende Haltung ein und folgt Thiels Blick. Nur in der Mitte der Szene löst sich der Erzähler aus der Wahrnehmung, die er mit Thiel teilt, und beschreibt eine einzelne – wohl die einzige – Bewegung Thiels, einen Schritt nach vorne, der dessen Regungslosigkeit unterbricht.

Der Blick des Lesers wird dabei von oben, von der Abendsonne über den Wolken, nach unten, zu den Gleisen, gelenkt. Er bleibt zunächst noch bei dem Sonnenlicht, das im Wechselspiel mit den Kiefern und den Gleisen geschildert wird. Mit der Bewegung Thiels fokussiert sich die Wahrnehmung auf den Zug: Sie beginnt an der ersten Stelle, an der der Zug überhaupt erst sinnlich erfasst werden kann, als ein »dunkler Punkt am Horizont« (S. 20). Dann folgt sie dem sich nähernden Zug auf seiner Fahrt aus der Ferne in die unmittelbare, als schier überwältigend geschilderte Nähe und weiter, bis er wieder außer Sichtweite tritt. In diesem Moment wird der Ausgangszustand als wiederhergestellt beschrieben: »das alte heil'ge Schweigen schlug über dem Waldwinkel zusammen« (S. 20).

2.1.3. Sprachliche Gestaltung

Der Abschnitt beginnt in einer bildhaften, metaphorischen Erzählsprache, die das Erhabene, Heilige aufgreift, mit dem die Natur im *Bahnwärter Thiel* immer wieder assoziiert wird: Der Wald, der mit seinen »Säulenarkaden der Kiefernstämme« (S. 19) majestätisch und gewaltig wirkt, die Sonne, die im Kontrast zum »schwarzgrünen Wipfelmeer« (ebd.) Ströme von Purpur vergießt. Dann stört die Technik die Harmonie der Natur, sie bricht als vorbeirasender Zug das »alte heil'ge Schweigen« (S. 20) im »Waldwinkel« (ebd.). Gleichzeitig geht sie aber auch eine unheilige Allianz mit ihr ein: Das purpurrote Sonnenlicht bringt nicht nur die Baumstämme, sondern auch die Gleise zum Glühen, »feurigen Schlangen gleich« (S. 19). Die Beschreibung des heranfahrenden Zuges, eingebettet in die Naturschilderung des Waldes bei Sonnenuntergang, steigert sich schließlich in einen übermächtigen, eindrucksvoll lauten und raumgreifenden Eindruck.

Diese Beschreibung ist einerseits eine detailgenaue Schilderung, auch im Sinne des Sekundenstils. So werden etwa sehr genau die verschiedenen Sinneseindrücke dargestellt, die die Wahrnehmung des vorbeifahrenden Zuges begleiten: Akustisch wird die Steigerung der Geräusche vom »Summen« bis zum »rasenden Toben« detailliert abgebildet, optisch wächst der dunkle Punkt am Horizont zum schwarzen Ungetüm, haptisch wird ein »Vibrieren« zum Zittern der Erde, begleitet von einem starken Luftdruck. Während beim Herannahen des Zuges durch die Aneinanderreihung von Sinneseindrücken die Erzählzeit etwa deckungsgleich mit der erzählten Zeit ist, wird der sich entfernende Zug zügiger abgewickelt.

Trotz des hohen Detaillierungsgrades der Schilderung wird andererseits in der Szene nicht wertneutral Stellung bezogen: Nachdem das Abendrot die Gleise zum Glühen bringt, erlischt es dort und taucht die Baumkronen in »kaltes Verwesungslicht« (S. 19); der Zug wird als »schwarzes, schnaubendes Ungetüm« (S. 20) bezeichnet, und erst nach seinem Fortgang kehrt im Waldwinkel »das alte heil'ge Schweigen« (ebd.) wieder ein. Damit geht diese Textstelle über die naturalistische Intention, die Wirklichkeit möglichst genau abzubilden, deutlich hinaus.

2.2. Thiel geht mit Tobias die Bahnstrecke entlang (S. 29)

2.2.1. Inhaltliche Einordnung der Sequenz

Der Ausschnitt stellt das letzte glückliche Zusammensein Thiels mit seiner Familie dar, quasi eine Atempause vor der Katastrophe. Lene ist mit den Kindern bereits in Thiels Waldeinsamkeit vorgedrungen und bearbeitet den Kartoffelacker. Thiel nimmt nun Tobias mit zu seiner beruflichen Tätigkeit, er muss die Strecke ablaufen. Damit trennt er ein letztes Mal die Sphären: Er lässt Lene beim Acker zurück, wo sie »mit der Geschwindigkeit und Ausdauer einer Maschine« (S. 29) arbeitet, und nimmt Tobias – und mit ihm das Andenken an Minna – die Geleise entlang, mit in den Wald. Im Mittelpunkt der Szene stehen Thiels Gefühle für Tobias, die eng mit seinen Gefühlen für dessen Mutter verknüpft sind.

Als sie von dem Ausflug zurückkehren, nimmt das Schicksal seinen Lauf: Lene vernachlässigt die Beaufsichtigung Tobias', der daraufhin vom Zug überfahren wird und stirbt. Thiel bringt als Reaktion Lene und das Baby um und verfällt in Wahnsinn.

2.2.2. Erzählperspektive und Aufbau

Der Erzähler begleitet Thiel und Tobias auf ihrem Gang durch den Wald und gibt Einblick in ihre Wahrnehmungen, Überlegungen und Gefühle. Dabei greift er auf verschiedene Tatsachen zurück, die im Verlauf der Novelle bereits zur Sprache kamen und die die Sequenz semantisch mit Thiels »kindgute[m], nachgiebige[m] Wesen« (S. 6), seiner Liebe zu Tobias und Kindern im Allgemeinen (vgl. S. 12) und seiner religiösen Verehrung von Minna (vgl. S. 7) verbinden. Zunächst hat der Leser, zusammen mit Thiel, seine Freude an Tobias' Begeisterung für die »wunderbaren Laute« der Telegraphenstangen. Dann überkommt ihn ein Moment der religiösen Verzückung, Minna scheint plötzlich präsent zu sein. Und schließlich wird Thiel gezeigt, wie er seinem Jungen nachgibt, als dieser – in einer als idyllisch schönen Landschaft geschilderten Umgebung – Blumen pflücken will.

2.2.3. Sprachliche Gestaltung

Analog zu Textausschnitt 1 bedient sich der Autor einer bildgewaltigen Erzählsprache, die besonders auf die Sinneseindrücke der Protagonisten eingeht. Erzielt werden soll dabei eine »weihevolle« (S. 30) Stimmung, eine »Rührung bis zu Tränen« (ebd.).

Dies gelingt, indem implizit und explizit auf einen sakralen Raum Bezug genommen wird: Akustisch werden die sogenannten »Aeolsharfentöne«, die durch die Einwirkung des Windes auf die in der Luft von Pfahl zu Pfahl gespannten Telegraphendrähte entstehen, als »wunderbare Laute« (S. 29), »sonore Choräle« (ebd.) mit »volle[m] und schöne[m] Akkord« (ebd.) und als »liebliches Getön« (S. 30) charakterisiert, in dem der Bahnwärter die Stimme seiner verstorbenen Frau in einem »Chor seliger Geister« (ebd.) zu identifizieren vermag. Auch das optische Ambiente ist ansprechend, die Natur bietet Blumen in einem Wäldchen, mit ihren blauen Blüten, dazu Schmetterlinge, leuchtend weiße Stämme und zartgrüne Blätterwolken der Birken, ein Goldlicht der Sonne zeichnen eine vollkommene Idylle. Hier ist es vor allem die Beleuchtung, die blaue »Kristallschale« (ebd.) des Himmels, die das »Goldlicht der Sonne« (ebd.) auffängt, die an die Lichtarchitektur von Kirchenbauten erinnert.

Beides, die technisch bedingten Töne ebenso wie die Naturidyllik des lieblichen Birkenwäldchens, greift harmonisch ineinander. Die Analogie zu einer Kirche wird durch einen zweimaligen ausdrücklichen Verweis auf diese überdeutlich hervorgehoben: Die durch die Technik erzeugten Laute werden mit Chorälen aus dem Innern einer Kirche verglichen, und die dadurch erzeugte Stimmung versetzt Thiel auch gefühlsmäßig in eine Stimmung »ähnlich wie in der Kirche« (ebd.). Inmitten dieser Idylle wird der unschuldige Tobias verortet, der glücklich und fröhlich spielt. Es wird deutlich, dass Thiels Rührung und seine weihevolle Stimmung, die durch die Naturdarstellung (hier: in harmonischer Verbindung mit der Technik) auch für den Leser plastisch nachvollziehbar ist, eine Spiegelung seines psychischen Zustands, seiner Liebe zu seinem älteren Sohn, veranschaulicht.

2.3. Vergleich der beiden Szenen

2.3.1. Darstellung von Natur und Technik

In beiden Szenen fällt die bildhafte Wortwahl auf, die verwendet wird, wenn es um Naturbeschreibungen geht. Die Natur wird jeweils als großartig und erhaben geschildert, wobei im ersten Textausschnitt diese Erhabenheit eher ins Beeindruckend-Bedrohliche spielt, während im zweiten Textausschnitt die Idyllik und Lieblichkeit der Natur hervorgehoben wird. Die Accessoires sind dabei vergleichbar, besonders betrachtet werden jeweils der Himmel und das Sonnenlicht sowie die Bäume im Wald. Ebenso finden sich in beiden Texten Bezüge zu Sakralem und Natur: In den »Säulenarkaden der Kiefernstämme« (S. 19) herrscht ein »altes heil'ges Schweigen« (S. 20), seitab des Birkenwäldchens ist Thiel weihevoll gestimmt, wie in einer Kirche.

Die Rolle der Technik divergiert jedoch: In Textausschnitt 1 (zer)stört die Technik die Natur: Die Eisenbahn dringt gewaltsam und unaufhaltsam in den Waldwinkel vor und dominiert dort optisch, akustisch und haptisch die gesamte Umgebung. Im zweiten Text gehen Natur und Technik eine Synthese ein, die Elemente der Technik harmonieren mit den Naturerscheinungen.

2.3.2. Gestaltung von Stimmungen

In der Darstellung des Zugs aus Breslau nimmt der Leser, zusammen mit dem Erzähler, Thiels eine beobachtende Haltung ein. Diese Beobachtungen werden jedoch in einer anschaulichen Sprache mit diversen Metaphern und Vergleichen geschildert: Da ist der Wald ein »schwarzgrünes Wipfelmeer« (S. 19), da klingen die Laute der Telegraphenstangen »wie sonore Choräle« (S. 29) usw. Auch als die Erzählweise in den Sekundenstil wechselt, zeichnen sich die detailgetreuen Wiedergaben durch eine sehr poetische Ausdrucksweise mit zahlreichen sprachlichen Stilmitteln aus, wie Klimaxe (»ein Vibrieren und Summen, ein rhythmisches Geklirr, ein dumpfes Getöse«; S. 20), Tautologien (»Keuchen und Brausen«; S. 20), Alliterationen (»Tosen und Toben«; S. 20) usw. Diese poetische Ausdrucksweise (nicht jedoch der Sekundenstil) setzt sich auch in der Szene fort, als Thiel mit Tobias die Bahnstrecke entlanggeht, wobei hier mehr die Innensicht der beiden Personen, Thiel und Tobias, im Fokus steht.

In beiden Textausschnitten wird dabei besonders auf die verschiedenen Sinneseindrücke eingegangen, was wesentlich dazu beiträgt, dass der Rezipient einen sehr plastischen Eindruck von der dargestellten Natur und Technik bekommt.

3. Die Rolle der Naturdarstellung im Gesamtwerk

Beide Szenen stehen exemplarisch für die Rolle der Natur im *Bahnwärter Thiel*: Deren Schilderung ist jeweils bildgewaltig und nimmt einen bedeutsamen Raum ein. Sie nimmt Elemente dessen auf, was in Thiel zum jeweiligen Zeitpunkt – unbewusst – innerlich vorgeht: In der ersten Szene bricht die Technik als »schwarzes, schnaubendes Ungetüm« (S. 20) zerstörerisch in die heilige Waldeinsamkeit ein. Thiel wird von den Eindrücken schier überwältigt. Direkt im Anschluss wird ihm bewusst, dass Lene, die später mit einer Maschine (S. 29) verglichen wird, in Kürze in sein persönliches Refugium, das Bahnwärterhäuschen in der Waldeinsamkeit, eindringen wird, um den Kartoffelacker zu bestellen.

Der zweite Textausschnitt führt Thiels Gefühle für Tobias vor: In ihm sind Natur und Technik im Zusammenspiel der »Aeolsharfentöne« der Telegraphendrähte und dem idyllischen, blumenübersäten Birkenwäldchen harmonisch verbunden. Diese gehen eine Allianz mit dem Gedenken an seine verstorbene Mutter ein. Die Szenerie lässt aber auch schon leise den Gedanken an einen »Chor seliger Geister« (S. 30) anklingen, dem sich Tobias bald zugesellen wird.

Die Natur spiegelt in der novellistischen Studie *Bahnwärter Thiel* damit die Gemütsverfassung des wortkargen Protagonisten Thiel wider. Diese Spiegelung in der Naturwahrnehmung bzw. -darstellung ist gleichzeitig auch eine Antizipation seines zukünftigen Schicksals.

4. Schluss

Thiels Waldeinsamkeit erscheint zunächst idyllisch und als ein sicherer Rückzugsort, doch sie wird bedroht: in der Natur- und Technikmetaphorik von der danebenliegenden Bahnstrecke, auf der Beziehungsebene von der dominanten Lene. Die beiden Textausschnitte lassen auf der Bildebene bereits erahnen, dass diese Bedrohung nicht latent bleibt, sondern in den Untergang führen wird.

Lösungshinweise zu den Arbeitsblättern

Lösungshinweise zu ARBEITSBLATT 2a (➤ S. 12)

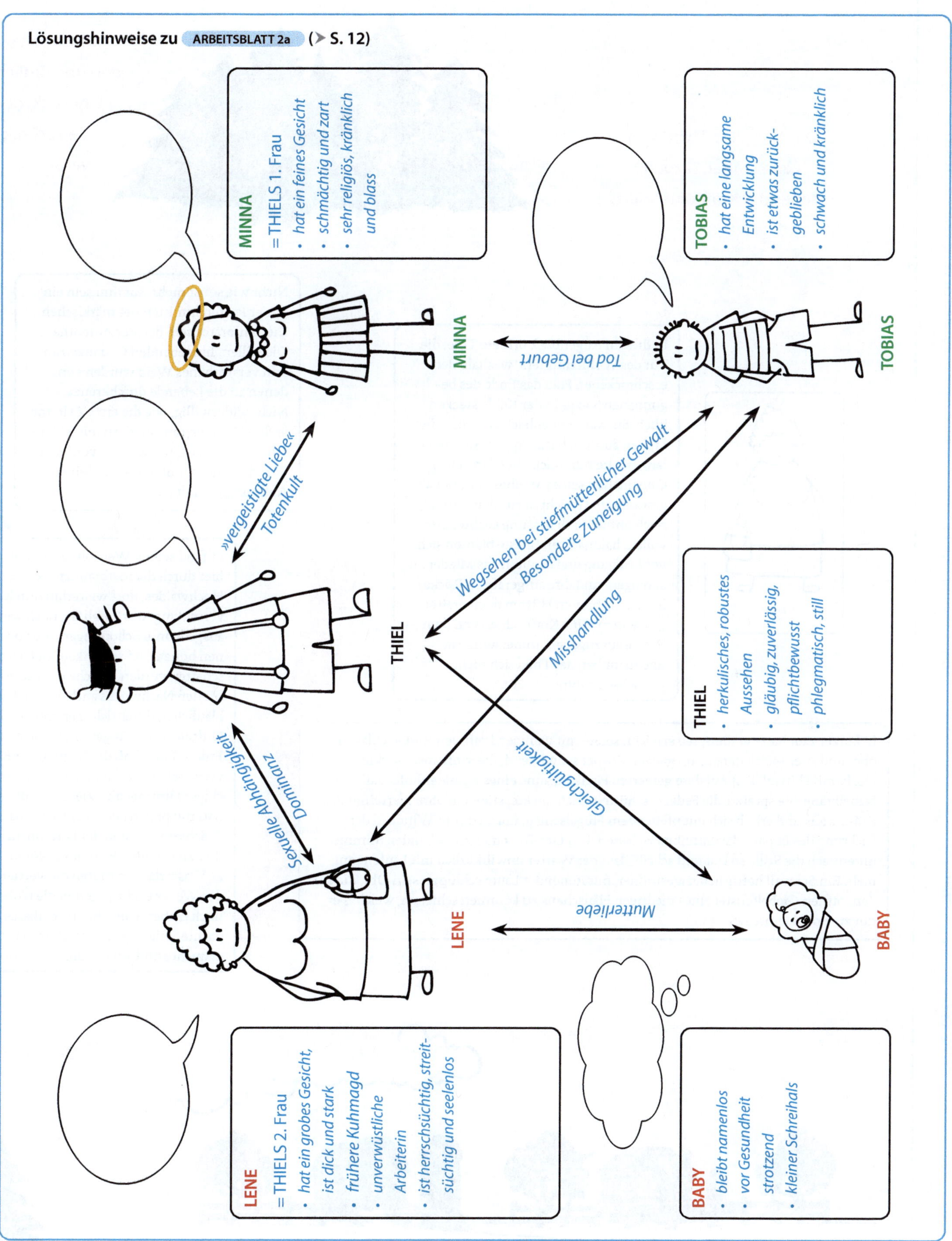

Das Haus/Dorf wird von Lenes roher, sexuell erregender Kraft dominiert.

Natur verstärkt den unheimlichen Eindruck, den die Technik verbreitet.

In diesem Augenblick öffnete Thiel die Tür des Wohnzimmers, weshalb der erschrockenen Frau das Ende des begonnenen Satzes in der Kehle stecken blieb. Sie war kreidebleich vor Zorn; ihre Lippen zuckten bösartig […]. Sekundenlang spielte sein Blick über den starken Gliedmaßen seines Weibes, das, mit abgewandtem Gesicht herumhantierend, noch immer nach Fassung suchte. Ihre vollen, halbnackten Brüste blähten sich vor Erregung und drohten das Mieder zu sprengen, und ihre aufgerafften Röcke ließen die breiten Hüften noch breiter erscheinen. Eine Kraft schien von dem Weibe auszugehen, unbezwingbar, unentrinnbar, der Thiel sich nicht gewachsen fühlte. (S. 16 f.)

Nicht wie sonst mehr war ihm sein einsamer Posten inmitten des märkischen Kiefernforstes sein liebster Aufenthalt. Die stillen, hingebenden Gedanken an sein verstorbenes Weib wurden von denen an die Lebende durchkreuzt. Nicht widerwillig, wie die erste Zeit, trat er den Heimweg an, sondern mit leidenschaftlicher Hast, nachdem er vorher oft Stunden und Minuten bis zur Zeit der Ablösung gezählt hatte. (S. 6)

Er fand seinen Weg, ohne aufzublicken, hier durch die rostbraunen Säulen des Hochwaldes, dort weiterhin durch dichtverschlungenes Jungholz, noch weiter üb ausgedehnte Schonungen, die von einzelnen hohen und schlanken Kiefern überschattet wurden, welche man zum Schutz für den Nachwuchs aufbehalten hatte. Ein bläulicher, durchsichtiger, mit allerhand Düften geschwängerter Dunst stieg aus d Erde auf und ließ die Formen der Bäume verwaschen erscheinen. Ein schwerer, mi chiger Himmel hing tief herab über die Baumwipfel. Krähenschwärme badeten gleichsam im Grau der Luft, unaufhörlich ihre knarrenden Rufe ausstoßend. Schwa ze Wasserlachen füllten die Vertiefungen des Weges und spiegelten die trübe Natu noch trüber wider. Ein furchtbares Wette dachte Thiel, als er aus tiefem Nachdenke erwachte und aufschaute. (S. 13 f.)

In kurzer Zeit hatte er die Spree erreicht, setzte mit wenigen kräftigen Ruderschlägen über und stieg gleich darauf, am ganzen Körper schwitzend, die sanft ansteigende Dorfstraße hinauf. […] Auf dem geteerten Plankenzaune eines Kossätenhofes saß eine Nebelkrähe. Sie spreizte die Federn, schüttelte sich, nickte, stieß ein ohrenzerreißendes Krä-krä aus und erhob sich mit pfeifendem Flügelschlag, um sich vom Winde in der Richtung des Forstes davontreiben zu lassen. […] Der Ton einer kreischenden Stimme unterbrach die Stille so laut und schrill, dass der Wärter unwillkürlich mit Laufen innehielt. Ein Schwall heftig herausgestoßner, misstönender Laute schlug an sein Ohr, die aus dem offnen Giebelfenster eines niedrigen Häuschens zu kommen schienen, welches er nur zu wohl kannte. (S. 14 f.)

Der Wald spieg

Schön-Schornstein

Es lagen kaum fünf Minuten zwischen jetzt und der Ankunft des Schnellzuges. Da er glaubte, das Signal überhört zu haben, begab er sich, so schnell als Sturm und Dunkelheit erlaubten, nach der Barriere. Als er noch damit beschäftigt war, diese zu schließen, erklang die Signalglocke. Der Wind zerriss ihre Töne und warf sie nach allen Richtungen auseinander. Die Kiefern bogen sich und rieben unheimlich knarrend und quietschend ihre Zweige aneinander. Einen Augenblick wurde der Mond sichtbar, wie er gleich einer blassgoldnen Schale zwischen den Wolken lag. In seinem Lichte sah man das Wühlen des Windes in den schwarzen Kronen der Kiefern. Die Blattgehänge der Birken am Bahndamm wehten und flatterten wie gespenstige Rossschweife. Darunter lagen die Linien der Geleise, welche, vor Nässe glänzend, das blasse Mondlicht in einzelnen Flecken aufsaugten. Thiel riss die Mütze vom Kopfe. Der Regen tat ihm wohl und lief vermischt mit Tränen über sein Gesicht. Es gärte in seinem Hirn; unklare Erinnerungen an das, was er im Traum gesehen, verjagten einander. (S. 23 f.)

Die Sonne, welche soeben unter dem Rande mächtiger Wolken herabhing, um in das schwarzgrüne Wipfelmeer zu versinken, goss Ströme von Purpur über den Forst. Die Säulenarkaden der Kiefernstämme jenseits des Dammes entzündeten sich gleichsam von innen heraus und glühten wie Eisen. Auch die Geleise begannen zu glühen, feurigen Schlangen gleich, aber sie erloschen zuerst; und nun stieg die Glut langsam vom Erdboden in die Höhe, erst die Schäfte der Kiefern, weiter den größten Teil ihrer Kronen in kaltem Verwesungslichte zurücklassend, zuletzt nur noch den äußersten Rand der Wipfel mit einem rötlichen Schimmer streifend. (S. 19)

Zwei rote, runde Lichter durchdrangen wie die Glotzaugen eines riesigen Ungetüms die Dunkelheit. Ein blutiger Schein ging vor ihnen her, der die Regentropfen in seinem Bereich in Blutstropfen verwandelte. Es war, als fiele ein Blutregen vom Himmel. Thiel fühlte ein Grauen und, je näher der Zug kam, eine umso größere Angst; Traum und Wirklichkeit verschmolzen ihm in eins. (S. 25)

Im Dunkel jedoch, wenn der Schneesturm durch die Kiefern und über die Strecke raste, in tiefer Mitternacht beim Scheine seiner Laterne, da wurde das Wärterhäuschen zur Kapelle. Eine verblichene Photographie der Verstorbenen vor sich auf dem Tisch, Gesangbuch und Bibel aufgeschlagen, las und sang er abwechselnd die lange Nacht hindurch, nur von den in Zwischenräumen vorbeitobenden Bahnzügen unterbrochen, und geriet hierbei in eine Ekstase, die sich zu Gesichten steigerte, in denen er die Tote leibhaftig vor sich sah. (S. 7)

Bahnwärterhäuschen

Es war ihm plötzlich eingefallen, dass ja nun Lene des öftern herauskommen würde, um den Acker zu bestellen, wodurch dann die hergebrachte Lebensweise in bedenkliche Schwankungen geraten musste. Und jäh verwandelte sich seine Freude über den Besitz des Ackers in Widerwillen. (S. 21)

…iels Gemütsverfassung.

Oft blieb er, Tobiaschen an der Hand, stehen, um den wunderbaren Lauten zu lauschen, die aus dem Holze wie sonore Choräle aus dem Innern einer Kirche hervorströmten. Die Stange am Südende des Reviers hatte einen besonders vollen und schönen Akkord. Es war ein Gewühl von Tönen in ihrem Innern, die ohne Unterbrechung gleichsam in einem Atem fortklangen, und Tobias lief rings um das verwitterte Holz, um, wie er glaubte, durch eine Öffnung die Urheber des lieblichen Getöns zu entdecken. Der Wärter wurde weihevoll gestimmt, ähnlich wie in der Kirche. (S. 29)

Tobias verlangte nach den Blumen, die seitab im Birkenwäldchen standen, und Thiel, wie immer, gab ihm nach. Stücke blauen Himmels schienen auf den Boden des Haines herabgesunken, so wunderbar dicht standen kleine blaue Blüten darauf. Farbigen Wimpeln gleich flatterten und gaukelten die Schmetterlinge lautlos zwischen dem leuchtenden Weiß der Stämme, indes durch die zartgrünen Blätterwolken der Birkenkronen ein sanftes Rieseln ging. (S. 30)

Natur unterstreicht die »Heiligkeit« von Minna.

Lösungshinweise zu ARBEITSBLATT 8c (➤ S. 57)

Bahnwärter Thiel – eine Novelle?

Novellenmerkmal: *kürzere bis mittellange Erzählung*

Check: *trifft zu, mit ca. 40 Seiten ist die Handlung schnell erzählt, ist aber länger als eine durchschnittliche Kurzgeschichte.*

Novellenmerkmal: *eine unerhörte Begebenheit, etwas Außergewöhnliches*

Check: *Einfacher Bahnwärter verfällt in den Wahnsinn und wird zum Doppelmörder.*

Novellenmerkmal: *eine sich ereignete Begebenheit, könnte so passieren*

Check: *Hauptmann schreibt in der 1. Fassung seiner Autobiografie davon, dass es wirklich einen Unglücksfall gegeben habe, bei dem ein Kind eines Bahnwärters vom Zug überfahren worden sei.*

Novellenmerkmal: *geschlossene Geschichte, klarer Aufbau*

Check: *Der Text enthält eine Einleitung, eine steigende Spannungskurve bis zum Wendepunkt, dann folgt das Ende Thiels in der Irrenabteilung der Charité.*

Novellenmerkmal: *linearer Handlungsstrang, keine Nebenhandlungen*

Check: *Beginn mit dem Tod Minnas und der 2. Ehe Thiels, dann Thiels psychischer Verfall, der geradlinig auf das tragische Ende zuläuft.*

Novellenmerkmal: *beschränkte Anzahl von handelnden Personen*

Check: *Sehr überschaubares Personal, bestehend aus Thiel, Minna, Lene und den beiden Söhnen.*

Novellenmerkmal: *deutlicher Höhe- / Wendepunkt*

Check: *Wendepunkt ist das Eindringen Lenes in Thiels „Waldeinsamkeit", evtl. auch der Unfalltod von Tobias.*

Novellenmerkmal: *Dingsymbol*

Check: *Die Eisenbahn(strecke), die die Natur stört und zerstört, ihre dämonischen Aspekte spiegelt, Thiels Leben taktet und die Räume von Minna und Lene trennt, deren Überschreitung in die Katastrophe führt.*

Novellenmerkmal: *dramatische Elemente / »Schwester des Dramas«*

Check: *Der Aufbau ist dramengleich, mit* ***Exposition****, in der die Protagonisten und der zentrale Konflikt vorgestellt werden,* ***Peripetie*** *(Eindringen Lenes in Thiels »Waldeinsamkeit«) und der* ***Katastrophe****, der Ermordung Lenes.*

Lösungshinweise zu ARBEITSBLATT 9a **bis** ARBEITSBLATT 9c (➤ S. 62–64) **(Seite 1 von 2)**

Station 1

1.

Literatur muss modern sein.

2.

Wissenschaftliche und gesellschaftliche Veränderungen als Basis:

Entwicklung der Naturwissenschaften:

- *technische Erfindungen (Spinnmaschine, mechanischer Webstuhl) ➤ Industriebetriebe in den Städten ersetzen ländliche Handwerksbetriebe*
- *Erfindung der Dampfmaschine und Dampflokomotive ➤ Eisenbahnnetz, neue Mobilität*
- *Entwicklungen im Bergbau, in der Eisen- und Stahlindustrie, der metallverarbeitenden Industrie und dem Maschinenbau*

Ein neuer Blick auf »den Menschen«:

- *Naturforscher Charles Darwin: Mensch ist Teil der Evolution*
- *Philosoph Hippolyte Taine: Mensch ist determiniert vom Milieu bzw. der sozialen Herkunft*
- *Psychologe Sigmund Freud: Mensch ist bestimmt durch das Unbewusste*

3.

- *Unternehmer wollen »treue« und »dankbare« Arbeiter*
- *Lebensbedingungen der Arbeiter sind denkbar schlecht: niedrigste Löhne, Arbeitszeiten von bis zu 17 Stunden, Kinderarbeit, keine soziale Absicherung*
- *in den Städten gibt es große Armut, miserable Wohnverhältnisse, viele Krankheiten, Alkoholismus, Kriminalität, Prostitution*
- *Verschärfung der sozialen Gegensätze*

Station 2

1.

- *Journalist, später freier Autor, geb. 1863, gest. 1929, interessiert an Darwinismus*
- *Werke u. a.: Gedichtband* Das Buch der Zeit, *Erzählungen: z. B.* Papa Hamlet, *Dramen: z. B.* Familie Selicke
- *Entwicklung einer Theorie des Naturalismus (zusammen mit Johannes Schlaf)*
- *pseudomathematische Kunstformel von Arno Holz: »Kunst = Natur – x«: Das naturalistische Kunstwerk soll die Natur und gesellschaftliche Realität deckungsgleich wiedergeben. Dies gelingt aber nicht vollständig, weil der Künstler (= der Faktor x) dazu nicht immer fähig ist.*

2.

Die Kunst hat die Tendenz, wider die Natur zu sein.

3.

- *Ziel nach Bölsche: »eine mathematische Durchdringung der Handlung von Menschen«; Dichter schafft Gestalten, »logisch, wie die Natur«*
- *eine verwissenschaftlichte, möglichst sachliche Darstellung*
- *Subjektivität oder Individualität sollen vermieden werden; es geht, ganz im Sinn der Naturwissenschaften, darum, nur das abzubilden, was auch beobachtet werden kann. Der Dichter hält sich als wertende Instanz zurück.*

4.

Zeitgestaltung:

Der Dichter greift durch Zeitraffung (die sieben Jahre der ersten Ehe werden auf einer Seite zusammengefasst) wertend in die Wahrnehmung ein.

Sicht auf die handelnden Personen:

Der Autor vermittelt Einblicke in Thiels Innenleben, die nicht beobachtbar sind.

Station 3

1.

1. *fotografisch genaue, detailgetreue Abbildung der Wirklichkeit*
2. *akustisch exakte Wiedergabe der Szene, inklusive der Nebengeräusche*
3. *Darstellung der Gespräche in allen Details (Dialekt/Soziolekt, Wortfetzen, Partikel, Pausen)*
4. *personale Erzählweise*
5. *Erzählzeit und erzählte Zeit sind annähernd deckungsgleich, zum Teil »Zeitlupeneffekt« (Erzählzeit länger als erzählte Zeit)*

2.

Textausschnitt A:

kein Sekundenstil:

- *starke Zeitraffung (»die ersten fünf Jahre« / »zwei Jahre«)*
- *Rückblende (»an einem der vorangegangenen Wochentage«)*
- *mitunter gehobener Sprachstil (»reicht feierlich die Hand zum Bund fürs Leben«)*
- *Beschreibung der ersten Frau Minna ist teilweise wertend (»hohlwangiges, feines Gesicht«)*

Textausschnitt B:

Sekundenstil:

- *Erzählzeit = erzählte Zeit (die Passage ist in etwa 20 Sekunden zu lesen und beschreibt einen Vorgang, der etwa 20 Sekunden dauert)*
- *fotografische Abbildung (»ein – zwei – drei milchweiße Dampfstrahlen quollen kerzengerade empor«)*
- *akustische Abbildung (»in unzählbar sich überhastenden Stößen fauchte der Dampf«)*
- *personale Erzählweise (»Sie bremsen, dachte Thiel, warum nur?«)*

Station 4

1.

Menschen erlernen Verhaltensprogramme im Laufe der Kinder- und Jugendjahre.
Das Neugeborene kommt als unbeschriebenes Blatt zur Welt = ausschließliche kulturelle Determination menschlichen Verhaltens. Auch Neigungen des Menschen, z. B. Aggressivität, sind Produkt der Erziehung. Es gibt Fehlprogrammierung durch Erziehung, die man korrigieren muss.
»Gehirnbazillen« der vererbten Anlagen bleiben, lassen sich aber entwickeln bzw. unterdrücken.

2.

Textbeispiel: *Bahnwärter Thiel*, S. 39:

- *düstere Szenerie (dunkler Qualm wälzt sich über die Strecke)*
- *Verschmutzung der Lebensumwelt durch den Zug (Keuchen der Maschine klingt wie das »stoßweise gequälte Atmen eines kranken Riesen«)*
- *Kieszug transportiert die Arbeiter, die den ganzen Tag gearbeitet haben*
- *fünfzig Arbeiter stehen in den geleerten Loren (statt in einem ordentlichen Waggon zu sitzen)*
- *die Alten haben gelbe Zähne*

Mensch als Produkt der Milieus und der Vererbung:

- *Thiels Leben ist durch seine Arbeit fremdbestimmt*
- *er muss arbeiten und hat keine Zeit für Tobias, d. h., er muss seinen Sohn einer unzuverlässigen alten Frau übergeben – das ist ein Grund für seine zweite Ehe*
- *er wird von seinen sexuellen Trieben, die er nur unzureichend beherrscht, gelenkt*
- *ärmliche Lebensverhältnisse, die den Kartoffelacker attraktiv machen, tragen zur Entwicklung bei (usw.)*

Station 5

1.

»Die Begriffe schön und häßlich existieren für die neue Ästhetik überhaupt nicht mehr, sondern nur die Gegenpole künstlerisch und unkünstlerisch.«

2.

Während im Realismus die Wirklichkeit in poetischer Verklärung wiedergegeben wird, verweist Arno Holz auf Verwahrlosung (»im Keller nistete die Ratte«) und Alkoholismus (»Branntwein, Grog und Bier«).
Er gibt einen Eindruck vom Alltag in Fabriken (»stampfte die Fabrik«) und elenden Wohnverhältnissen (»Mietskaserne«, »Vorstadtelend«) wieder.

3.

Seite: *4* *»Thiel erzählte nun, wie er Tobias einer alten Frau übergeben, die ihn einmal beinahe habe verbrennen lassen […].«*
Seite: *7* *»Oft freilich […] sah er seinen jetzigen Zustand im Lichte der Wahrheit und empfand davor Ekel.«*
Seite: *15* *»Halt's Maul!«, schrie es, als ein leises Wimmern hörbar wurde, »oder du sollst eine Portion kriegen, an der du acht Tage zu fressen hast.«*
Seite: *22* *»[…] und so entschlief er mit gekrümmtem Rücken, die Stirn auf die Hand, diese auf den Tisch gelegt.«*
Seite: *42* *»Lene lag in ihrem Blut, das Gesicht unkenntlich, mit zerschlagener Hirnschale.«*